INNOVATION AND ENTREPRENEURSHIP COMPETITION

创新创业大赛
品牌 平台 机制

顾时贵 ● 主编

·北京·

图书在版编目（CIP）数据

创新创业大赛：品牌　平台　机制 / 顾时贵主编. —北京：科学技术文献出版社，2019.11
ISBN 978-7-5189-6325-6

Ⅰ．①创⋯　Ⅱ．①顾⋯　Ⅲ．①创业—竞赛—概况—河北　Ⅳ．① F279.272.2

中国版本图书馆 CIP 数据核字（2019）第 270803 号

创新创业大赛：品牌　平台　机制

策划编辑：崔　静　　责任编辑：李　晴　　责任校对：王瑞瑞　　责任出版：张志平

出 版 者	科学技术文献出版社
地　　　址	北京市复兴路15号　邮编　100038
编 务 部	（010）58882938，58882087（传真）
发 行 部	（010）58882868，58882870（传真）
邮 购 部	（010）58882873
官 方 网 址	www.stdp.com.cn
发 行 者	科学技术文献出版社发行　全国各地新华书店经销
印 刷 者	北京时尚印佳彩色印刷有限公司
版　　　次	2019 年 11 月第 1 版　2019 年 11 月第 1 次印刷
开　　　本	710×1000　1/16
字　　　数	247千
印　　　张	14
审 图 号	GS（2020）301号
书　　　号	ISBN 978-7-5189-6325-6
定　　　价	98.00元

版权所有　违法必究

购买本社图书，凡字迹不清、缺页、倒页、脱页者，本社发行部负责调换

编委会

编委会主任：马宇骏

编委会副主任：李丛民　张　涛

编委会委员：顾时贵　石铁铸　陈俊刚　朱英华　邹晓利

主　　　编：顾时贵

撰　　　稿：石铁铸　陈俊刚　韩　玉　朱英华　邹晓利　陈胜强　马岩飞

序 言

创新是引领发展的第一动力,大众创业、万众创新是强国之策、富民之道。习近平总书记指出,抓创新就是抓发展,谋创新就是谋未来。中央经济工作会议强调,必须坚定不移地贯彻创新、协调、绿色、开放、共享的新发展理念,促进大众创业、万众创新,推动高质量发展。2018年9月,国务院发布《关于推动创新创业高质量发展打造"双创"升级版的意见》,要求各地各部门,要以习近平新时代中国特色社会主义思想为指导,全面贯彻党的十九大和十九届二中、三中全会精神,按照高质量发展要求,深入实施创新驱动发展战略,通过打造"双创"升级版,进一步优化创新创业环境,大幅降低创新创业成本,提升创业带动就业能力,增强科技创新引领作用,提升支撑平台服务能力,推动形成线上线下结合、产学研用协同、大中小企业融合的创新创业格局,为加快培育发展新动能、实现更充分就业和经济高质量发展提供坚实保障。

河北省委省政府高度重视创新创业工作,认真学习贯彻习近平总书记系列重要讲话精神,主动应对新一轮科技革命和产业变革,深入推进创新型河北建设,积极培育发展新动能、厚植发展新优势,为建设经济强省、美丽河北注入了强劲动力。多年来,河北省创新创业大赛坚持"赛马场上选骏马、市场对接配资源",充分发挥价值发现、培训辅导和融资对接的功能,助推科技企业和创新团队快速成长,助力优质创业项目落地发展,现已经成为河北省层次最高、辐

创新创业大赛
品牌 平台 机制

射最广、影响力最大的创新创业赛事品牌。2018年，大赛参赛总量超过3600家，直接参赛人员近30 000人，总数比2017年增长74%，再创历史新高。省科技厅加大奖励力度，设立了总额2000万元的河北省创新创业大赛奖励专项资金，获奖企业和团队共计323家。

当前河北省正处于历史性窗口期和战略性机遇期，习近平总书记亲自谋划和推动京津冀协同发展，雄安新区规划建设、冬奥会筹办等重大的国家战略和国家大事在河北如期实施。中国（河北）自由贸易实验区开局起步，一批重要的经济增长点和增长极正在加快形成，无论是新科技、新产业、新机遇，还是互联网、大数据等战略性新兴产业发展，抑或是传统优势特色产业转型升级，都需要创新驱动，都需要广大的创新创业者朋友们的共同参与，可以说，河北现在拥有巨大的创新、创业和创造空间。希望大家弘扬科学精神，把握历史机遇，立足市场需求，找准创新创业的切入点和发力点，在服务重大国家战略实施中成就事业、做出贡献。河北省各地各部门，要始终坚持创新驱动发展，继续大力支持大众创业、万众创新，深化放管服改革，落实减税降费政策，加强知识产权保护，研究出台高含金量的支持政策，持续优化创新创业环境，搭建创新创业平台，吸引京津乃至全国高质量的创新创业团队和项目落户河北，让创新创业创造的活力在燕赵大地充分迸发，竞相涌流，为河北省高质量发展增添新动能。

一个有创新灵魂的民族，必定拥有光明前景；一个有创业才能的社会，必定充满生机活力。大众创业，社会才生机盎然；万众创新，国家就朝气蓬勃。希望更多有梦想、有意愿、有能力的创新创业者以创新创业大赛为号角，锐意创新，成就梦想。希望广大创新创业者植根燕赵沃土，立志报效祖国，让更多的创新要素在河北汇聚、更多的创业成果在河北落地，共同谱写创新创业的时代篇章。

序　言

　　我们将继续探索"赛场选骏马、创赛搭平台、市场配资源、政府后补助"的办赛新模式，进一步培育高水平、高层次、高素质的科技型中小企业和具有核心创新能力的高成长性战略性新兴产业源头企业；我们要通过创新创业大赛这类活动，弘扬企业家精神，树立创新创业创富的典型，激发全社会创新潜能和创造活力，让创新创业成为社会的时尚和主流，让创新创业者成为时代的英雄。

河北省科学技术厅厅长

2019 年 10 月

目 录

第一章 背景与现状 ... 1
 一、创新创业大赛背景 ... 1
 二、创新创业大赛沿革 ... 13
 三、河北省第六届创新创业大赛特点 ... 21
 四、创新创业大赛成功举办的原因 ... 28

第二章 理念与架构 ... 33
 一、大赛的概念与主题 ... 33
 二、创新创业大赛的理念 ... 39
 三、大赛的流程 ... 45
 四、大赛的规范 ... 51

第三章 品牌塑造 ... 58
 一、大赛品牌的内涵与特征 ... 58
 二、大赛品牌的构成要素 ... 65
 三、大赛品牌的塑造与利用 ... 73

第四章 平台搭建 ... 80
 一、平台的内涵与特征 ... 80
 二、平台构成要素 ... 90
 三、大赛平台的构成 ... 94
 四、平台提升路径 ... 97

创新创业大赛
品牌 平台 机制

第五章　机制构建 105
　　一、机制的内涵与特征 105
　　二、大赛良性运行机制 107
　　三、链条式运行机制 112

第六章　"三位一体" 124
　　一、"三位一体"的理论基础 124
　　二、"三位一体"的内涵与意义 128
　　三、"三位一体"的良性运行机制 135

第七章　多重效应 143
　　一、直接效应 143
　　二、连锁效应 152
　　三、长期效应 158

第八章　趋势展望 167
　　一、大赛成长性分析 167
　　二、大赛的发展趋势分析 179
　　三、以积极姿态创新发展 181

附　录 186
　　附录 A 186
　　附录 B 186
　　附录 C 187
　　附录 D 209
　　附录 E 210
　　附录 F 211

后　记 213

第一章

背景与现状

一、创新创业大赛背景

（一）全国大赛开展背景

1. 我国进入高质量发展阶段，创新成为经济增长核心动力

当前，我国经济发展进入新时代。习近平总书记指出，经济增长从高速转向中高速的变化实质是经济发展方式从规模速度型转向质量效率型，即转向高质量发展阶段。这种新常态不再只是速度的变化，更多体现为增长动力转换和经济结构转型升级。按照黄群慧等著的《中国工业化进程报告（1995—2015）》中的评价结果显示（表1-1），我国工业化进程不断推进，1995年处于工业化初期前半阶段；2000年步入工业化初期后半阶段，2005年步入工业化中期前半阶段，2010年步入工业化后期前半阶段，到2015年步入工业化后期后半阶段。可以看出，随着工业化进程的不断演进，目前我国已经处于工业化后期后半阶段。在新的发展阶段，经济增长动力、产业结构、消费特征等已经发生了重大变化。

从经济增长动力看，改革开放40多年来，我国更多的是依赖自然资源、能源原材料、一般要素、重化工业等实现了快速发展，这与工业化初期、中期的增长动力相适应。但在进入高质量发展阶段后，长期依靠拼资源、拼环境、拼劳动力的粗放式发展方式难以为继，必须改造提升旧动能、培植发展新动能，加快形成以创新为核心的动力源。

从经济结构演进看，转换增长动力的同时必然伴随着经济结构的优化升级，实现由增量扩能为主转向调整存量、做优增量并举。从一般意义上讲，经济转型是指经济要素的运动状态，是指一个国家或地区在一定时期内资源配置和经济发展方式的转变。具体而言，经济转型是经济体制的更新、经济增长方式的转变、经济结构的提升、产业结构的转换，是国民经济体制和结构发生的由量变到质变的过程。[1]在众多驱动经济增长的要素中，创新是驱动经济结构转型升级的重要因素之一。因此，构建有利于技术创新的环境、机制和政策，充分调动全社会的创新意识，破解经济转型升级的障碍，可为经济结构转型升级提供技术支撑。

消费结构的升级，是推动经济高质量发展的需求侧动力。党的十九大报告指出，"我国社会的主要矛盾已经转化为人民日益增长的美好生活需要和不平衡不充分的发展之间的矛盾"。从这一主要矛盾可以看出，未来消费市场的导向是高品质化、多样化、个性化、便捷化，这已经成为国内消费最为突出的特点。与原来的消费结构相比，我国城乡居民的消费结构正在由生存型消费转向发展型消费、由物质型消费转向服务型消费、由传统型消费转向新型消费，并且这一消费升级的趋势越趋明显。[2]这一变化根源于科技带来的经济结构转型，经济结构转型促进了消费结构升级。尤其是在投资、出口拉动经济增长作用力减弱的形势下，更需要消费这架"马车"发挥更大的作用。在这种形势下将科技创新的成果广泛应用于消费领域，不断生产、提供高品质的产品和服务，是一个紧迫需求，这也为创新创业大赛奠定了坚实的市场基础。

表1-1 中国各区域工业化进程综合评价

	1995年		2000年		2005年		2010年		2015年	
	全国	河北	全国	河北	全国	河北	全国	河北	全国	河北
工业化指数	12	10	18	14	41	29	66	62	84	70
工业化阶段	二	二	二	二	三	二	四	三	四	四

续表

	1995年		2000年		2005年		2010年		2015年	
	全国	河北	全国	河北	全国	河北	全国	河北	全国	河北
工业化排名	（二）	（Ⅰ）	（二）	（Ⅰ）	（三）	（Ⅱ）	（三）	（Ⅰ）	（四）	（Ⅱ）
		15		14		13		14		14

注："二"表示工业化初期，"三"表示工业化中期，"四"表示工业化后期，"五"表示后工业化阶段。"（Ⅰ）"表示前半阶段，"（Ⅱ）"表示后半阶段。

资料来源：黄群慧等著的《中国工业化进程报告(1995—2015)》，社会科学文献出版社，2017年。

2. 创新创业政策密集出台，为大赛提供了有利契机

党的十八大报告提出要实施创新驱动发展战略、加快建设创新型国家，进一步明确了创新在引领经济社会发展中的重要地位，标志着创新驱动已成为新时代我国发展征程上的一项基本国策。为了深入实施创新驱动发展战略，党的十八大以来从中央到地方，密集出台了各类支持创新创业的政策，为全民创新创业提供了良好的政策环境。中央支持创新政策是从多个维度全面展开，归纳起来主要有以下几方面，如表1-2至表1-6所示。

表1-2 支持企业技术创新类政策

序号	标题	法规文号	颁发部门	主要导向
1	关于印发《"互联网+"知识产权保护工作方案》的通知	国知发管字〔2018〕21号	国家知识产权局	充分运用"互联网+"相关技术手段创新知识产权保护方式，提升保护水平与效果
2	关于推动民营企业创新发展的指导意见	国科发资〔2018〕45号	科技部全国工商联	发挥科技创新和制度创新对民营企业创新发展的支撑引领作用，通过政策引领、机制创新、项目实施、平台建设、人才培育、科技金融、军民融合、国际合作等加强民营企业科技创新能力，充分支持民营企业创新发展

续表

序号	标题	法规文号	颁发部门	主要导向
3	关于印发国家技术创新中心建设工作指引的通知	国科发创〔2017〕353号	科技部	充分发挥企业在技术创新决策、研发投入、科研组织和成果转化中的主体作用，牵头形成产学研用协同创新生态，加强创新成果的对外扩散，充分发挥社会效益，强化对国家和行业发展的重要作用
4	国家科技创新基地优化整合方案	国科发基〔2017〕250号	科技部	支持民营企业发展产业技术研究院、先进技术研究院、工业研究院等新型研发组织，各级科技部门可以通过项目资助、后补助、社会资本与政府合作等多种方式给予引导扶持或合作共建

表1-3 支持创新平台载体发展的政策

序号	标题	法规文号	颁发部门	主要导向
1	关于印发《科技企业孵化器管理办法》的通知	国科发区〔2018〕300号	科技部	有条件的孵化器应形成"众创—孵化—加速"机制，提供全周期创业服务，营造科技创新创业生态
2	关于推进农业高新技术产业示范区建设发展的指导意见	国办发〔2018〕4号	国务院办公厅	推进政产学研用创紧密结合，完善各类研发机构、测试检测中心、新农村发展研究院、现代农业产业科技创新中心等创新服务平台，引导高等学校、科研院所的科技资源和人才向示范区集聚。健全新型农业科技服务体系，创新农技推广服务方式，探索研发与应用无缝对接的有效办法，支持科技成果在示范区内转化、应用和示范
3	关于强化实施创新驱动发展战略进一步推进大众创业万众创新深入发展的意见	国发〔2017〕37号	国务院	引导众创空间向专业化、精细化方向升级，支持龙头骨干企业、高校、科研院所围绕优势细分领域建设平台型众创空间。探索将创投孵化器等新型孵化器纳入科技企业孵化器管理服务体系，并享受相应扶持政策

续表

序号	标题	法规文号	颁发部门	主要导向
4	关于建设第二批大众创业万众创新示范基地的实施意见	国办发〔2017〕54号	国务院办公厅	在创新创业基础较好、特色明显、具备示范带动能力的区域、高校和科研院所、企业等，再支持建设一批双创示范基地，进一步强化支撑能力，放大标杆效应，提升社会影响，形成新的创新创业经验并在全社会复制推广
5	关于做好当前和今后一段时期就业创业工作的意见	国发〔2017〕28号	国务院	发展创业载体。加快创业孵化基地、众创空间等建设，试点推动老旧商业设施、仓储设施、闲置楼宇、过剩商业地产转为创业孵化基地。各地可根据创业孵化基地入驻实体数量和孵化效果，给予一定奖补
6	关于建设大众创业万众创新示范基地的实施意见	国办发〔2016〕35号	国务院办公厅	全面落实《中华人民共和国促进科技成果转化法》，落实完善科研项目资金管理等改革措施，落实新修订的高新技术企业认定管理办法，充分考虑互联网企业特点，支持互联网企业申请高新技术企业认定并享受相关政策

表 1-4 科技成果转移转化方面

序号	标题	法规文号	颁发部门	主要导向
1	关于推广第二批支持创新相关改革举措的通知	国办发〔2018〕126号	国务院办公厅	推广"以事前产权激励为核心的职务科技成果权属改革""技术经理人全程参与的科技成果转化服务模式""技术股与现金股结合激励的科技成果转化相关方利益捆绑机制""'定向研发、定向转化、定向服务'的订单式研发和成果转化机制"等举措
2	关于印发国家技术转移体系建设方案的通知	国发〔2017〕44号	国务院	着眼于构建高效协同的国家创新体系，从技术转移的全过程、全链条、全要素出发，从基础架构、转移通道、支撑保障3个方面进行系统布局，构建技术转移体系

5

续表

序号	标题	法规文号	颁发部门	主要导向
3	关于强化实施创新驱动发展战略进一步推进大众创业万众创新深入发展的意见	国发〔2017〕37号	国务院	推动科技成果、专利等无形资产价值市场化。建立完善知识产权运用和快速协同保护体系，扩大知识产权快速授权、确权、维权覆盖面，加快推进快速保护由单一产业领域向多领域扩展。探索在战略性新兴产业相关领域率先建立利用财政资金形成的科技成果限时转化制度
4	关于印发实施《中华人民共和国促进科技成果转化法》若干规定的通知	国发〔2016〕16号	国务院	鼓励研究开发机构、高等院校、企业等创新主体及科技人员转移转化科技成果，推进经济提质增效升级

表1–5　科技型中小企业发展方面

序号	标题	法规文号	颁发部门	主要导向
1	关于聚焦企业关切进一步推动优化营商环境政策落实的通知	国办发〔2018〕104号	国务院办公厅	围绕破解企业投资生产经营中的"堵点""痛点"，坚决破除各种不合理门槛和限制，营造公平竞争市场环境；推动外商投资和贸易便利化，提高对外开放水平；持续提升审批服务质量，提高办事效率；进一步减轻企业税费负担，降低企业生产经营成本；大力保护产权，为创业创新营造良好环境；加强和规范事中事后监管，维护良好市场秩序
2	关于促进中小企业健康发展的指导意见	2019-04-07	国务院办公厅	通过国家科技计划加大对中小企业科技创新的支持力度，调整完善科技计划立项、任务部署和组织管理方式，大幅提高中小企业承担研发任务的比例。实施中小企业促进法，纾解中小企业困难，稳定和增强企业信心及预期，加大创新支持力度，提升中小企业专业化发展能力和大中小企业融通发展水平

续表

序号	标题	法规文号	颁发部门	主要导向
3	关于做好当前和今后一段时期就业创业工作的意见	国发〔2017〕28号	国务院	发挥小微企业就业主渠道作用。落实小微企业降税减负等一系列扶持政策和清理规范涉企收费有关政策。着力推进小微企业创新发展，推动小微企业创业创新示范基地建设，搭建公共服务示范平台。加大科研基础设施、大型科研仪器向小微企业开放力度，为小微企业产品研发、试制提供支持。鼓励高校、科研院所及企业向小微企业转移科技成果，有条件的地区可推动开放共享一批基础性专利或购买一批技术资源，支持小微企业协同创新
4	关于印发《科技型中小企业评价办法》的通知	国科发政〔2017〕115号	科技部，财政部，国家税务总局	为贯彻落实《国家创新驱动发展战略纲要》，推动大众创业、万众创新，加速科技成果产业化，加大对科技型中小企业的精准支持力度，壮大科技型中小企业群体，培育新的经济增长点，根据《深化科技体制改革实施方案》要求，制定科技型中小企业评价办法
5	关于进一步推动科技型中小企业创新发展的若干意见	国科发高〔2015〕3号	科技部	①鼓励科研院所、高等学校科研人员和企业科技人员创办科技型中小企业，建立健全股权、期权、分红权等有利于激励技术创业的收益分配机制。支持高校毕业生以创业的方式实现就业，对入驻科技企业孵化器或大学生创业基地的创业者给予房租优惠、创业辅导等支持。②鼓励各类社会资本设立天使投资、创业投资等股权投资基金，支持科技型中小企业创业活动

表1-6 科技体制机制改革方面

序号	标题	法规文号	颁发部门	主要导向
1	关于抓好赋予科研机构和人员更大自主权有关文件贯彻落实工作的通知	国办发〔2018〕127号	国务院办公厅	各高校、科研院所要按照《中华人民共和国促进科技成果转化法》的规定，制定本单位转化科技成果的专门管理办法，完善评价激励机制，对科技成果的主要完成人和其他对科技成果转化做出重要贡献的人员，区分不同情况给予现金、股份或者出资比例等奖励和报酬

续表

序号	标题	法规文号	颁发部门	主要导向
2	关于优化科研管理提升科研绩效若干措施的通知	国发〔2018〕25号	国务院	支持高校、科研院所科研人员到国有企业或民营企业兼职开展研发和成果转化，加大高校、科研院所和国有企业科研人员科技成果转化股权激励力度，科研人员获得的职务科技成果转化现金奖励计入当年本单位绩效工资总量，但不受总量限制，不纳入总量基数
3	关于创新管理优化服务培育壮大经济发展新动能加快新旧动能接续转换的意见	国办发〔2017〕4号	国务院办公厅	通过提高政府服务能力和水平、探索包容创新的审慎监管制度、探索包容创新的审慎监管制度、强化支撑保障机制建设等方面破解制约新动能成长和传统动能改造提升的体制机制障碍、强化制度创新和培育壮大经济发展新动能
4	关于促进创业投资持续健康发展的若干意见	国发〔2016〕53号	国务院	使市场在资源配置中起决定性作用和更好发挥政府作用，进一步深化简政放权、放管结合、优化服务改革，不断完善体制机制，健全政策措施，加强统筹协调和事中事后监管，构建促进创业投资发展的制度环境、市场环境和生态环境，加快形成有利于创业投资发展的良好氛围和"创业、创新＋创投"的协同互动发展格局

各省（市、区）也根据国家支持创新创业政策，出台了有自己特点的支持政策。在党的十八大以后出台的支持创新创业政策密度之高、支持强度之大，是前所未有的。

从中央到地方各类创新创业政策的出台，大大激发了市场主体的创新创业激情，也催生了一批具有创新意识、创业能力的人才、企业和团队。在这种背景下，创新创业大赛应时而生。举办企业、团队、产学研联盟等多主体参与的创新创业大赛，让各行各业的创新创业佼佼者走上自我展示的舞台，在竞赛中展示和交流创新创业成果，对深入推动创新驱动战略、加快培育经济新增长点具有重要的推动作用。

3. 经济体制改革逐步深化，不断突破制约创新创业障碍

党的十八大以来，也是经济体制改革持续深化的一个时期，制约经济发展的体制机制障碍不断被突破。一是全面深化改革提速增效,极大地调动了亿万民众的积极性。党的十八大以来,特别是最近几年,全面深化改革全面发力、多点突破、纵深推进,重要领域和关键环节改革取得突破性进展,极大调动了亿万人民的积极性,促进了社会生产力发展。2013年11月,党的十八届三中全会通过《中共中央关于全面深化改革若干重大问题的决定》,正式拉开全面深化改革的大幕。党的十九大系统阐述了习近平新时代中国特色社会主义思想和基本方略,相应提出了新时代的改革开放新任务和新要求。尤其在经济建设领域的改革,围绕使市场在资源配置中起决定性作用和更好发挥政府作用,整体推进、重点突破,社会主义市场经济体制不断完善,有效激发了市场主体活力,尤其是以科技型中小企业为主体的创新创业活跃度显著提高。二是科技创新体制机制改革不断深入,极大地释放了创新创业活力。党的十九大报告指出,创新是引领发展的第一动力,是建设现代化经济体系的战略支撑。加快建设创新型国家,深入实施创新驱动发展战略,最根本的是要增强自主创新能力,最紧迫的是要破除体制机制障碍,最大限度解放和激发科技作为第一生产力所蕴藏的巨大潜能。世界经济发展的历史经验表明,如果说一次次科技革命造就的是新技术、新产业、新产品、新业态等,带来的是一次次生产力的提升,创造了难以想象的供给能力。那么,一次次体制机制变革所释放的是发展的活力和创造力,所激发的是科技作为第一生产力所蕴藏的巨大潜能。

党的十八大以来,我国推进全面深化改革,坚决破除各方面体制机制弊端,包括科技创新领域体制机制的一系列改革,其目的就是进一步解放思想、解放和发展生产力、解放和增强社会活力。经过不懈努力,我国科技发展取得举世瞩目的伟大成就,科技整体能力持续提升,一些重要领域方向跻身世界先进行列,某些前沿方向开始进入并行、领跑阶段,正处于从量的积累向质的飞跃、从点的突破向系统能力提升的重要时期,天宫、蛟龙、天眼、悟空、墨子、大飞机、鲲龙、克隆猴等重大科技成果相继问世。这充分说明,科技创新体制机制改革不断激发大众创新创业的激情和热情,为创新成果产出提供了政策环境。

4. 创新创业生态不断完善，聚集创新要素能力持续增强

创新发展的动力活力潜力，取决于创新创业创造的动力活力潜力；创新创业创造的动力活力潜力，取决于创新创业创造的生态环境。创新创业生态旨在通过生态系统中各创新创业主体、平台、服务及支持环境之间能量流动和物质循环的相互作用，不断为经济和社会注入动力和活力。[①] 其中，平台、服务、政策是为创新主体提供创新创业生态的主要构成。

从平台看，近年来，在国家政策支持下，各类科技孵化器、加速器、创新创业园、众创空间不断涌向，并对符合条件的国家级、省级的平台载体给予相应的财政资金支持。河北省针对当前市场主体偏少、创新创业平台支撑力较弱的现状，重点聚焦到培育市场主体、"双创"示范基地、科技企业孵化器、创业就业孵化基地、高新技术企业、小微企业创业创新基地六类平台主体进行重点培育。这些平台载体为企业技术研发和成果转化提供专业化服务，为科技型中小企业成长建立加速机制，极大地提高了创新创业资源融通效率和质量，促进了中小企业高质量发展。

从服务看，政府为企业搭建服务平台，培育发展与企业科技创新发展相适应的中介服务机构，为企业提供从创新需求激活，到科技研发、成果转化，再到产品化、商业化、市场化等全过程的服务。围绕政务一站式服务、技术创新服务、创业辅导服务及其他人才、融资、仪器设备等专业服务等领域，加快政府公共服务提效，为创新创业提供了良好氛围和环境。

从政策看，对企业技术创新的支持强度持续加大，减税降费让众多小企业"轻装上阵"，深化"放管服"改革有效降低企业成本，对外开放加快营造法治化、国际化、便利化的营商环境，通过一系列政策创新，最大限度地释放全社会创新创业活力。

---

① 刘雅婷，定明龙. 创新创业生态系统服务体系初探[J]. 中国科技资源导刊，2018，50（4）：84-95.

（二）河北大赛开展背景

1. 落实创新创业政策需要

一是落实国家政策需要。为贯彻落实《国务院关于大力推进大众创业万众创新若干政策措施的意见》（国发〔2015〕32号），营造有利于大众创业、万众创新的良好政策环境、制度环境和公共服务体系，河北省出台了一系列相关政策。例如，在众创空间发展方面，提倡有条件的部门或企业通过改造提升、引进共建和支持创建形式加快构建众创空间；在激发创新主体方面，出台相关扶持政策鼓励科技人员、大学生创新创业和吸引高端人才壮大创新创业主体；在投融资方面，鼓励金融、保险等投资机构为科技型中小企业提供多元化的金融产品和服务；在双创服务方面，通过降低门槛、提升服务和健全指导等措施来营造创新创业环境。在政策不断支持、营造更加良好的政策环境激发下，河北省科技型中小企业自2014年以来以年新增1万家的速度发展，各类创新主体活跃在新兴战略性领域，不断为经济发展注入活力。为了让更多的创新主体能够在竞争中脱颖而出，不断发展壮大，精心组织筹划河北省创新创业大赛，其目的就是以大赛促创新，以大赛促发展。

二是国家大赛要求。响应时代要求，在国家创新创业大赛指导下，2012年河北省以参加者的身份参加中国创新创业大赛。2013年举办首届河北省创新创业大赛，之后每年举办。目的是以大赛为载体，通过引导和发动科技型中小企业、创新创业团队积极参与，银行、创投、担保等金融机构深度合作，社会媒体持续的宣传报道，各级各部门组织的创业辅助服务，共同培育"崇尚创新、支持创新、宽容创新，激情创业、科学创业、务实创业"的创新创业文化，为创新创业者提供施展才华的舞台，为科技型中小企业发展营造良好的生态环境。

2. 破解发展难题需要

一是破解产业结构转型难题。产业结构偏重且创新能力低是河北省目前存在的突出问题，加快调结构、促转型，实现创新发展、绿色发展、高质量发展是基本思路，也是目前面临的重大任务。通过科技创新打破原有产业发展的路径依赖，特别是把河北优质科技创新资源尽可能聚焦到应用技术研发和科技成

果推广上来，以新技术的开发和广泛应用促进工艺改进、产品换代、企业装备水平提升，推动产业结构升级，加快推动新产业、新产品、新业态、新主体蓬勃发展，是必然的路径。河北省创新创业大赛正是适应了这一需求，围绕新材料、新能源及节能环保、生物医药、电子信息、先进制造、互联网、军民融合等新兴战略性产业开展赛事活动，既能引导全社会创新创业资源向这些新兴领域聚集，以加快这些领域的创新发展；同时，也能有效激发战略性新兴产业领域的创新活力和动力，不断提高河北省战略性新兴产业所占比重。

二是破解企业成长的烦恼。虽然目前针对科技型中小企业的支持创新创业政策密集出台，科技型中小企业逐步成为创新的生力军，但科技型中小企业的特质决定了其在成长壮大过程中仍然面临着很多现实困境，如企业体量较小与创新能力提升、轻资产与融资难、研发能力弱与高层次人次引培等矛盾和问题。营造良好的政策环境和创新生态，拓宽融资渠道，为科技型中小企业提供全方位服务，是破解成长烦恼的重要途径。创新创业大赛的目的之一是以大赛为载体，有效整合区域内外、行业内外、企业内外创新资源，瞄准企业成长中的难题和瓶颈，将金融、人才、技术、服务、政策等相关创新资源信息汇聚在大赛中，以大赛为核心和重要抓手，实现企业发展需求与创新服务供给的有效对接，解决企业创新发展中的难题。

3.适应创新发展新趋势

一是适应新技术革命新趋势。目前新技术迅猛发展，产业高度融合发展，新技术、新产品、新业态、新模式不断涌现，正在深刻影响着我们的生产生活。创新创业大赛就是适应新趋势的重要途径。创新创业大赛，牢牢抓住新科技革命和产业变革的"机会窗口"，以推进新一代信息技术、生物技术、新能源技术、新材料技术、智能制造技术等领域科技创新及其产业化为重点，引导优势创新资源向新技术、新产业领域汇聚，推动、提高生产要素的配置效率，激发企业和团队创新创业激情，推动产业结构转型升级，催生新的经济增长动能。

二是抢抓新机遇需要。在新时期河北省迎来了京津冀协同发展、雄安新区规划建设和协办北京冬奥会等重大机遇，而深度利用三大机遇，促进河北省快速、持续、高质量发展的核心是创新。创新创业大赛针对创新发展模式的多元化、创新主体的多样化、创新需求的个性化等特征，充分利用河北区位优势，通过积极搭建河北与京津交流平台，引培高水平科技人才，优化河北创新创业环境，促进科技成果转化，加快育成创新型企业，将机遇变成增长动力，打造动力更加强劲的经济发展新引擎，这是创新创业大赛的重要目的之一。

二、创新创业大赛沿革

（一）全国大赛发展历程

1. 中国创新创业大赛发展历程

党的十八大以来，从中央到地方都在深入实施创新驱动发展战略，加快推进创新型国家建设，力促大众创业万众创新氛围日趋浓厚、创新企业快速成长、创新动能加快集聚，为新旧动能转换不断注入新的活力，不断推动经济发展向高水平迈进。正是在这一背景下，创新创业大赛应运而生。截至2018年，中国创新创业大赛已成功举办七届（表1-7、图1-1）。

表1-7　中国创新创业大赛发展历程

	时间	参赛企业数量	参赛团队数量	地区范围	行业范围
第一届	2012年4月	500家企业	100支团队	北京、上海、宁波、深圳和成都5个城市	生物医药、电子信息、新能源及节能、互联网、新材料、先进制造
第二届	2013年4月	10 381家企业	2928支团队	—	生物医药、电子信息、新能源及节能、互联网、新材料、先进制造
第三届	2014年4月	8759家企业	3746家团队	22个独立分赛区，2个综合赛区	生物医药、电子信息、新能源及节能、互联网、新材料、先进制造

续表

时间		参赛企业数量	参赛团队数量	地区范围	行业范围
第四届	2015年4月	—	—	—	军转民大赛
第五届	2016年4月	22 277家企业	12 064家团队	—	先进制造、互联网及移动互联网、电子信息、新能源及节能环保、新材料和生物医药
第六届	2017年4月	—	—	—	生物医药、电子信息、新能源及节能、互联网、新材料、先进制造
第七届	2018年4月	—	—	全国37个省、自治区、直辖市、计划单列市和新疆生产建设兵团	生物医药、电子信息、新能源及节能、互联网、新材料、先进制造及军民融合、港澳台赛

2. 中国创新创业大赛特点

（1）覆盖范围由点到面，传播创新创业文化

2012年第一届中国创新创业大赛，参赛队伍分为企业组（初创企业组、成长企业组）和创业团队组，整个赛程历时6个月，在北京、上海、宁波、深圳和成都5个城市进行分赛区比赛。到2018年第七届中国创新创业大赛，随着西藏自治区举办独立地方赛，第七届大赛首次实现了全国所有省、自治区、直辖市、计划单列市和新疆生产建设兵团的地方赛全覆盖。

从办赛方式上，越来越呈现多主体办赛格局。例如，第七届中国创新创业大赛中，由科技部火炬中心牵头举办中国创新方法大赛、军民融合专业赛、大中小企业融通专业赛；由广东省科技厅牵头举办中国创新创业大赛港澳台大赛；由中国电动汽车百人会牵头举办中国创新创业大赛国际新能源及智能汽车大赛；由第三代半导体产业技术创新战略联盟牵头举办中国创新创业大赛国际第三代半导体创新创业大赛。

可以说，随着大赛在全国范围内的推进和全行业的逐渐覆盖，将创新创业

第一章 | 背景与现状

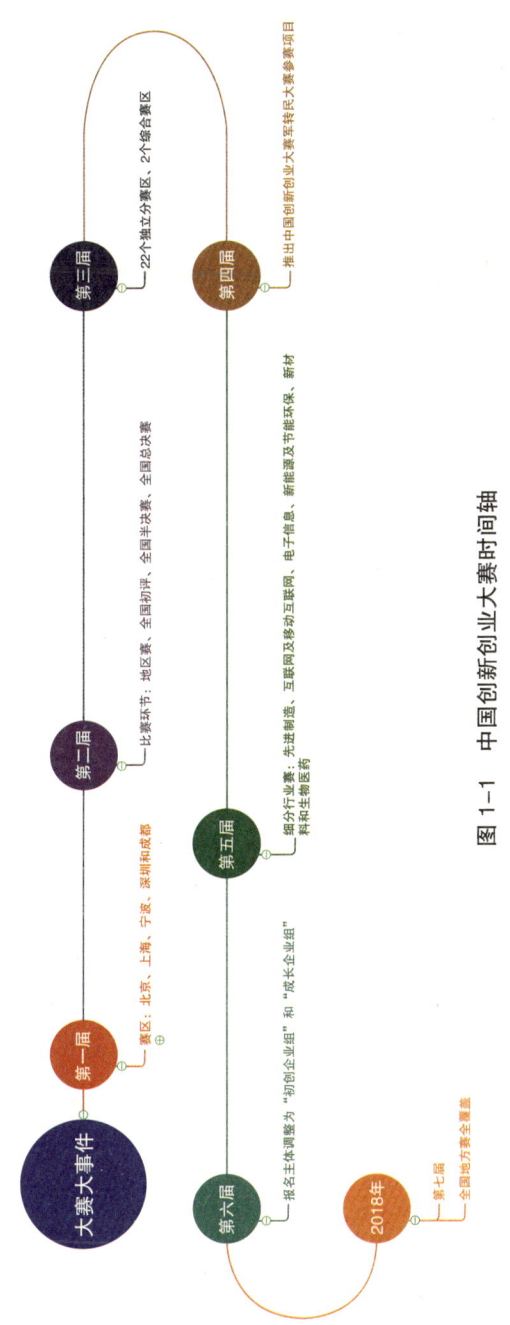

图 1-1 中国创新创业大赛时间轴

信息、创新创业文化源源不断地传播到中华大地每一个角落,源源不断地培养和造就大批具有创新创业精神、意识和能力的高素质人才。

(2)聚集创新资源,打造中国最强众扶平台

创新创业大赛作为一种空间载体,在特定时间内将全国各行业技术领军人才、团队、产品、技术、信息、资本等创新创业要素汇集起来,并围绕企业创新发展需要,为其提供市场对接、资本对接、人才对接、创业培训等服务,增强了企业间、产学研间的学习交流,不断推动着企业和团队创新能力的提升。更加明显的一个创新点是,大赛在制度设计上实现了市场和政府在配置资源方面的深度融合,为企业和团队创新创业构建了一个独特的"双创生态"。

从首届中国创新创业大赛依靠市场的力量,即企业提供创新创业扶持资金,到现在获得国家财政支持,优质项目和创新创业人才在政府和市场的"握手"中茁壮成长。优秀的参赛企业入选科技部项目库,优先得到创新基金、火炬计划等各类国家科技计划的扶持。同时,为了帮助企业突破生产经营中的资金瓶颈,扩大经营规模,大赛特别支持金融机构服务中小企业。例如,招商银行开辟了专门的绿色审批通道,为大赛中涌现出的优质企业提供总额不低于20亿元的授信支持。同时,中国创新创业大赛也汇集了专业化人才参与其中,据初步统计七届大赛参与评审和各类活动的专家多达上万人。为参赛队伍带来了创业资金,中国创新创业大赛成为人才、技术和资本资源紧密结合的重要纽带。

(3)赛马场上选骏马,加快科技成果转化落地

创新创业大赛有效弥合了市场信息非对称性,为参赛企业提供了一个与创业导师、创投机构、金融机构、中介机构面对面交流的机会和展示的舞台,对促进企业科技成果转化,具有重要作用。例如,第七届中国创新创业大赛增加了军民融合赛,搭建了军工领域与民用领域深度融合的良好平台,吸引一批军民融合项目参赛,进一步推进先进军用技术向国民经济领域转化转移,促进军工经济与区域经济融合发展。一批典型企业展示了创新成果,例如,嘉楠耕智信息科技有限公司研发的超运算芯片是一般计算机的20万倍,内达药业开发的"凯美纳"曾被时任卫生部部长称为医药界的"两弹一星"。利凯普是一家专

第一章 | 背景与现状

业从事电容器研发、制造和销售的全球一流的射频/微波陶瓷电容器制造商，获得了第七届电子信息行业总决赛成长组一等奖。

（二）河北省大赛发展

河北省创新创业大赛截至2018年已经成功举办了六届。大赛秉承"公开、公平、公正"的原则，坚持"赛马场上选骏马、市场对接配资源"，充分发挥出价值发现、培训辅导和融资对接功能，助推科技企业和创新团队快速成长，助力优质创业项目加快落地，已经成为河北省层次最高、辐射最广、影响力最大的创新创业赛事品牌（图1-2、图1-3、表1-8）。

图1-2 河北省创新创业大赛历程

17

创新创业大赛
品牌 平台 机制

图1-3 河北省创新创业大赛动态

表1-8 河北省创新创业大赛历程

时间		参赛企业、团队数量	地区范围	行业范围
第一届	2013年4月	444	石家庄	电子信息、生物医药、新材料、光机电一体化、资源与环境、新能源与高效节能
第二届	2014年4月	679	石家庄	电子信息、生物医药、新材料、光机电一体化、资源与环境、新能源与高效节能
第三届	2015年4月	730	石家庄	电子信息、生物医药、新材料、光机电一体化、资源与环境、新能源与高效节能
第四届	2016年4月	999	石家庄	电子信息、生物医药、新材料、光机电一体化、资源与环境、新能源与高效节能
第五届	2017年4月	2074	石家庄	电子信息、生物医药、新材料、光机电一体化、资源与环境、新能源与高效节能
第六届	2018年4月	3606	石家庄、鹿泉新区、石家庄高新区、廊坊	电子信息、互联网、生物医药、先进制造、新材料、新能源及节能环保、军民融合

1. 第一届大赛

2013年第一届河北省创新创业大赛，报名参赛共计444家企业和团队，参赛项目涉及电子信息、生物医药、新材料、光机电一体化、资源与环境、新能源与节能环保等领域。

2. 第二届大赛

2014年为第二届创新创业大赛，报名参赛队伍679支，参赛项目涉及电子信息、生物医药、新材料、光机电一体化、资源与环境、新能源与节能环保等领域。

3. 第三届大赛

2015年为河北省第三届创新创业大赛，报名参赛共计730家企业和团队，较第二届有所增长，参赛项目主要集中在电子信息、生物医药、新材料、光机电一体化、资源与环境和新能源与节能环保等战略性新兴产业领域。

4. 第四届大赛

在大众创新、万众创业氛围引导下，2016年的河北省第四届创新创业大赛参赛企业和团队数量明显增多，总数接近1000家，较第一届大赛参赛总数增长1倍多，主要来自电子信息、生物医药、新材料、光机电一体化、资源与环境、新能源与节能环保等领域。

5. 第五届大赛

2017年河北省第五届创新创业大赛报名数量呈现井喷之势，全省共有2074个项目报名参赛，报名数量是2016年的2倍、第一届大赛的7倍，其中企业485家、团队1589个。参赛者来自社会的各个行业，其中博士217名、硕士551名、本科生5401名。经初赛、复赛、决赛和总决赛等赛事环节，最终决出获奖队伍266支，其中冠、亚、季军及总决赛获奖队伍10支，大赛一等奖19个、二等奖56个、三等奖181个，大赛专项奖励资金1000万元。

6. 第六届大赛

2018年第六届河北省创新创业大赛，以"新时代、新动能、新希望、新征程"为主题，紧扣行业发展方向和市场需求，涉及电子信息、互联网、生物医药、先进制造、新材料、新能源及节能环保、军民融合等领域。本届大赛历时6个月，得到社会各界广泛关注，报名踊跃，积极参与，参赛企业和团队超过3600家，直接参赛人员近3万人，总数比2017年增长74%，再创历史新高，企业报名数量在全国排名第12位。

（三）河北省大赛发展特点

1. 办赛理念从起步到发展成形，引领创新发展之路

创新创业大赛拥有强大的生命力，截至2018年，国家成功举办七届，河北省成功举办六届。省赛不仅顺应了创新驱动发展的内在要求，而且迎合了高质量发展的新要求。同时还针对河北实际，顺应了转型升级，实现动力、效率和质量三大变革的新要求。在国赛"科技创新，成就大业"主题基础上，河北省提出了第六届创新创业大赛"新时代、新动能、新希望、新征程"的主题，形成了特有的办赛理念，也使创新创业大赛成为新时期科技创新发展的示范和标杆。

2. 办赛方式由单一向多元转变，推动了创新创业生态逐步完善

创新创业生态是依靠政府政策、服务机构和创业者协作互动、相互促进而形成的动态系统，包括以政府政策支持形成的基础层、服务机构提供全程服务的链接层，以及企业和团队参赛者构成的实践层，三方在创新创业生态构建和发展过程中相互作用，有机联系，形成了以大赛为核心和载体的创新创业生态圈（图1-4）。

在赛种设置上，创新创业大赛不断丰富完善赛种设置，前几届创新创业大赛主要集中在新材料、生物医药、电子信息、新能源及节能环保、先进制造、互联网等领域，到河北省第六届创新创业大赛，在赛种设置上除了上述六大行业外，还增加了军民融合行业赛。

在办赛方式上，由1个主赛场转变为"1+N"模式。大赛办赛场地最初为一个城市，现在已经扩展到以省会石家庄为核心，廊坊、邯郸及省内高校广泛参与的"1+N"的办赛模式。随着比赛规模越来越大，与大赛相关的配套服务业越来越健全，创业生态环境不断完善。

图1-4 大赛创新创业生态

3. 大赛规模由小变大，为创新创业搭建更大舞台

从参赛企业和团队来看，2013年河北省第一届创新创业大赛企业和团队444家，到2018年第六届企业和团队增加到3606家，较2013年参赛人数和参赛企业数量增加了7倍多。以河北省第六届创新创业大赛为例，不仅在石家庄、石家庄高新区、廊坊、邯郸、部分高校等组织举办了12场大赛系列巡讲会，还辅导培训参赛人员2000余人。

4. 大赛品牌由弱变强，成为新时代创新创业风向标

通过河北省创新创业大赛的举办，充分发挥了创新创业大赛的品牌效应，公众对创新创业大赛的关注度和认可度不断提升，河北省创新创业大赛已成为全省最权威、最具号召力和影响力的赛事品牌。创新创业大赛通过各种活动，进一步彰显品牌的价值，让创新创业大赛品牌直接影响到经济发展的各个层面与各个领域。第六届河北省创新创业大赛涉及更广的产业产业领域、各个层面的参赛队伍，这些参赛企业和团队带来了河北省转型升级的动力和构建现代产业体系的希望。荣获第六届中国创新创业大赛（河北赛区）总决赛团队组一等奖的脑科学微电极阵列研发团队就是典型。该团队负责人张宇鹏表示，"我们目前拥有'全系列'的微电极产品，解决了微电极研发和使用中的诸多痛点，实现了脑信号输出和脑信号输入的结合，可为客户提供定制化的微电极解决方案，助力研发快速商业化医疗器械，解决脑科学研究中的应用难题。中国脑计划预计在2018年年底会出台具体的实施计划，预计投资规模为60亿美元，这也为我们提供了最大的机会"。由创新成果参与大赛、大赛进一步促进科技创新的良性循环，必将成为全省创新发展、转型发展、绿色发展的强劲动力。

三、河北省第六届创新创业大赛特点

（一）参赛队伍数量最多

2018年河北省第六届创新创业大赛参赛数量最多，创下了前六届大赛之最。

1. 参赛企业

河北省第六届创新创业大赛有622家企业报名参赛，参赛企业数量大幅增长。

2. 参赛团队

从河北省第六届创新创业大赛团队报名情况看，参赛团队共2984支，由875个社会团队和2109个高校团队组成。

3. 参赛媒体

河北省第六届创新创业大赛宣传媒体达到了46家，其中，中央电视台等国家媒体就达到十几家，创下了历史纪录。

（二）参赛企业分布最广

1. 地区分布

从参赛企业看，第六届创新创业大赛中共有622家企业报名，石家庄高新区、石家庄、廊坊市居前3位，分别为133家、121家和62家，3地参赛企业占报名企业总数的50.8%，其他地区参赛报名企业数量相对较少（图1-5）。

从团队分布看，第六届创新创业大赛共有2984个团队报名，高校团队报名数量前3名是河北师范大学、河北地质大学、河北农业大学，3所高校报名数量占高校团队报名总数的57%，占团队组报名总量的40%（图1-6）。

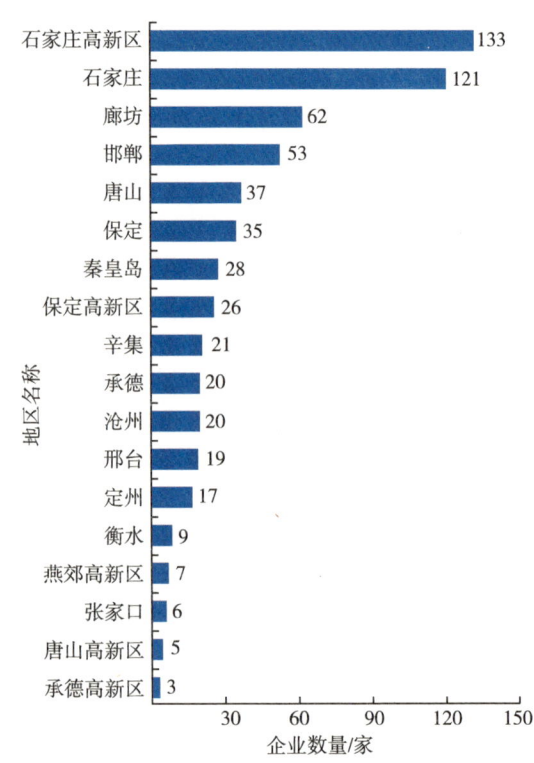

图1-5　企业组报名统计（按行政区域划分）

第一章 | 背景与现状

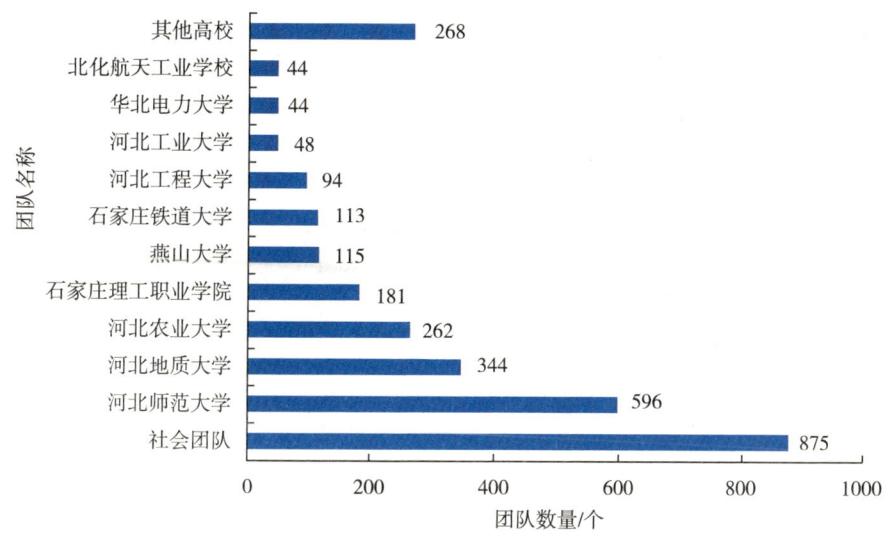

图1-6 河北省第六届创新创业大赛团队组分布

2.行业分布

从分行业看，生物医药、新能源及节能环保参赛数量较往年有大幅提升。生物医药行业企业组、团队组占比分别为10.3%、15.9%；新能源及节能环保行业企业组、团队组占比分别为19.6%、14.2%；电子信息行业企业组、团队组占比分别为17.8%和13.4%；先进制造行业行业企业组、团队组占比分别为21.2%、13.0%；互联网行业较上年降低10%，企业组、团队组分布占比22.2%和35.0%；新材料行业企业组、团队组分别占比8.9%和8.5%（图1-7、图1-8）。

（三）参赛项目质量明显提高

1.参赛项目主要集中在互联网及新能源及节能环保、电子信息、生物医药领域

参赛项目按行业领域划分，互联网行业参赛项目数量最高，为1182项，占总数的32.8%，在六大行业中排名第1位。新能源及节能环保、生物医药、先进制造、电子信息四大行业报名参赛项目数比较接近，基本在510～550项，

23

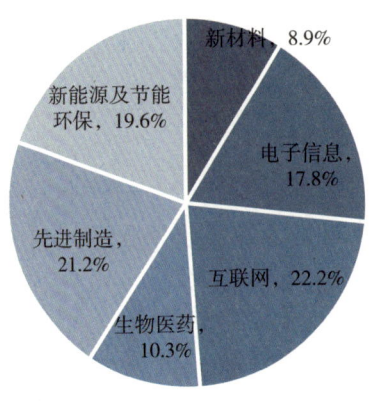
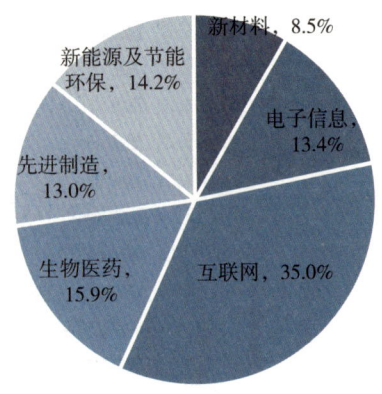

图1-7 企业组各行业报名统计　　图1-8 团队组各行业报名统计

新材料行业参赛项目相对偏少，为308项，占参赛总项目数的8.5%（表1-9、图1-9）。

表1-9 六大行业领域报名数量

	新材料	生物医药	电子信息	新能源及节能环保	先进制造	互联网
项目数量/项	308	539	510	547	520	1182
占比	8.5%	14.9%	14.1%	15.2%	14.4%	32.8%

2. 参赛项目水平不断提升

第六届河北省创新创业大赛的参赛项目共拥有专利2188项，其中发明专利426项，实用新型专利1578项，外观设计专利184项；软件著作权、药品批文、医疗器械注册证、集成电路图等其他知识产权共1931项。分类型看，实用新型专利数量高于发明专利和外观设计专利。

分行业看，新能源及节能环保行业专利数量最多，为931件，其中主要为实用新型专利，为792件；生物医药、新材料领域参赛企业专利数相对较少（图1-10）。

第一章 | 背景与现状

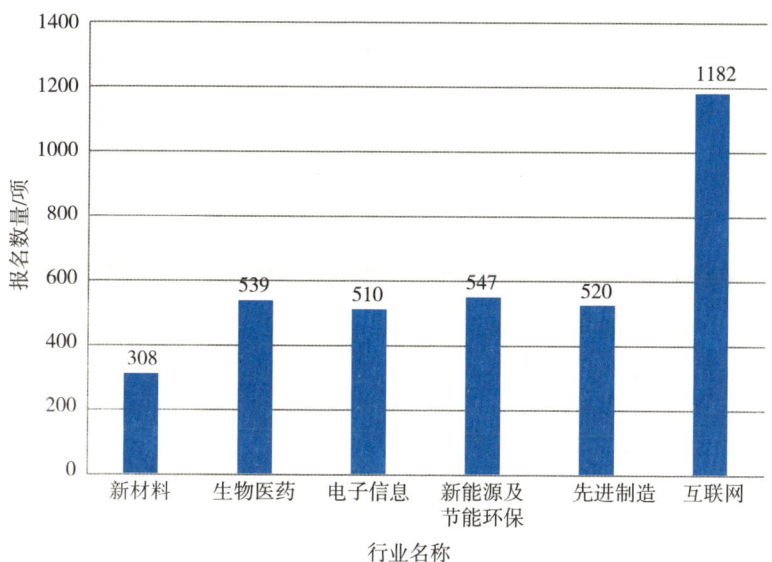

图 1-9 六大行业领域报名数量

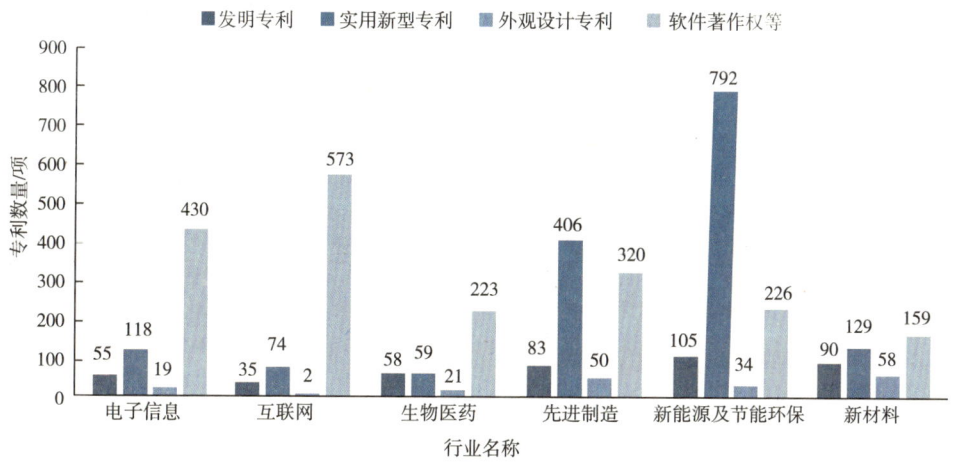

图 1-10 参赛项目专利技术数量

（四）参赛人员水平大幅提升

第六届河北省创新创业大赛不仅报名数量破纪录，而且参赛人员水平也创新高。参赛人员中大专学历及以上人员占比高达85%，其中院士10人、博士252人、硕士588人、本科13 861人、专科9265名，开创了河北省创新创业大赛院士参赛的先河。核心团队中具有留学经历的人员约150人。

从分行业看，互联网领域参赛者中本科学历人数最多，为5268人，先进制造、生物医药、电子信息、新能源及节能环保中本科学历人员数量较为接近，分别为2198人、1953人、1868人和1811人；新材料领域本科学历人员较少；六大行业参赛人员中博士学历人数分布较少（图1-11）。

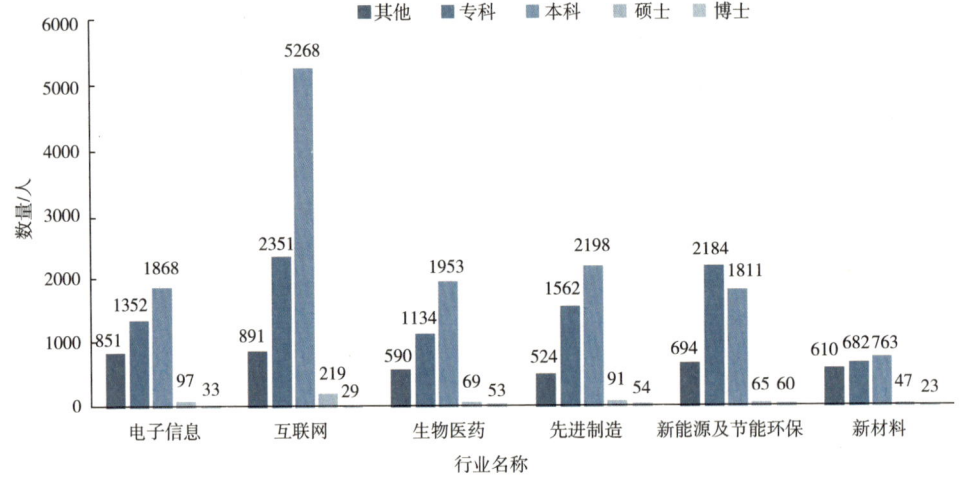

图1-11 核心团队最高学历分布

（五）社会影响力越来越大

1. 领导越来越重视

河北省第六届创新创业大赛，河北省人民政府省长许勤、副省长徐建培光临比赛现场并做出指导。为了激发企业的参与热情，河北省创新创业大赛不断提高奖金额度，由最初的几十万元到2018年的2000万元，对科技型中小企业和创新团队的激励明显增大（图1-12至图1-15）。

第一章 | 背景与现状

图 1-13　河北省人民政府省长许勤为河北省第六届创新创业大赛总决赛冠军颁奖

图 1-12　河北省人民政府副省长徐建培出席河北省第五届创新创业大赛总决赛并做重要讲话

图 1-14　河北省人民政府副省长徐建培为河北省第六届创新创业大赛总决赛亚军、季军颁奖

图 1-15　河北省第六届创新创业大赛总决赛颁奖典礼

2. 宣传越来越广泛

大赛期间，组委会针对组织单位、孵化器（众创空间）、中小企业、高校等单位的大赛负责人，科研院所、大学生代表等，开展系列培训会、对接会和各种交流会，进行宣传、动员与交流。大赛组委会在加强自身网站、微信宣传动员的同时，强化与各类平台、网络和电视媒体合作，中央电视台、河北省政府官网、新华网、凤凰网、新浪网、河北新闻网、河北卫视、河北日报、河北工人报、腾讯直播等媒体发表及转载了大量大赛专题报道，为大赛的举办营造了良好的舆论氛围。

3. 社会关注度越来越高

随着大赛规模越大越大，影响力越来越强，全社会对创新创业大赛的关注程度越来越高。从参赛报名情况看，第六届河北省创新创业大赛参赛队伍3606支，涉及七大战略性新兴产业领域，辐射带动创新创业人员3万余人；从大赛官网访问量看，自2018年4月18日更新官网以来，到2019年4月官网累积访问量达到12.3万人次。

四、创新创业大赛成功举办的原因

（一）保持战略定力

所谓战略定力，是在把握大势前提下，为实现战略意图和战略目标而应具备的宽阔视野、战略睿智和坚定沉着的行动能力。[①] 简而言之，战略定力是指团队或组织者为实现目标，所呈现的不为外界所扰，不为一时利益得失而改变目标和方向的行动意志力。从创新创业大赛看，始终咬定创新发展目标，保持了战略定力。主要体现在以下方面。

一是始终瞄准创新创业。创新是发展的原动力。创新创业大赛组织者始终

---

① 湖南省中国特色社会主义理论体系研究中心. 在推进伟大事业中始终保持战略定力[N]. 光明日报，2018-04-19.

瞄准创新创业这个主题，秉持创新办赛、公平办赛、开放办赛的理念，矢志不渝地坚持办好赛事，做好服务，搞好宣传，以赛树人才、以赛促创新、以赛促发展，为企业和创业团队发展积极搭建平台，让创新创业蔚然成风。

二是始终强化组织领导。从前期宣传动员、办赛主题、办赛方式、参赛群体资格审查、赛事宣传报告、获奖企业团队宣传推介等每一个环节精雕细琢，促使创新创业大赛影响力越来越大、参赛群体越来越多、获奖项目水平越来越高，形成了大赛良性运行机制。以第六届创新创业大赛为例，2018年伊始，大赛组委会先后召开5次赛前筹备会，谋划部署大赛组织工作，制定大赛工作方案8稿，并邀请国家和省相关部门与专家进行论证，在创意策划、组织水平、规模层次等方面保证大赛高点起步。

三是始终坚持超前宣传动员。赛前，大赛组委会邀请专家对企业和团队进行赛前培训，组织举办大赛系列巡讲会，辅导培训参赛人员，进一步提高了参赛热情、提升了参赛项目的质量。同时，在宣传动员中，通过培训、交流，不断把企业和创业团队参赛的积极性转化为促成科技成果转化落地的生产力。

四是始终提升服务水平。赛事期间，大赛组委会将组织配套活动，为获奖企业和团队免费提供多元化服务，主要包括辅导培训、融资路演、项目推介洽谈会等，为企业和团队发展提供精准化服务，提高参赛竞争能力。

可见，创新创业主体规模的壮大、影响力的扩大和品牌力的提升，是创新创业大赛组织者始终保持与时俱进、坚持创新发展的战略定力的结果，也正因如此，才能推动河北省创新创业大赛从小变大、从起步到成形、从渐进发展到跨越提升。

（二）精准定位服务

当前河北省正处于加快转型升级、新旧动能转换的重要阶段，利用现代信息技术、高新技术改造提升传统产业成为经济社会发展的必然趋势，从高新技术产业开发区、科技企业孵化器、加速器，到各类众创空间、创客群体规模不断壮大，创新产品种类不断增多。在新技术、新业态、新成果不断涌现的同时，

创新创业大赛
品牌 平台 机制

河北省创新创业大赛立足于国家的发展战略需求，为创业企业、创业团队提供了多元化、精准化、链条化服务，营造了良好创新创业氛围，吸引了更多优秀人才参与到创新创业中，让企业感知创新，不断地追求创新，让创客群体成为新时代弄潮儿，这是创新创业大赛的基本定位，也是聚焦点所在。

以获得河北省第六届创新创业大赛一等奖的"芦苇花开"为例，在大赛全过程的精准服务，已经不是大赛本身，而是服务全过程的创新创业。有着华北明珠之称的白洋淀，芦苇曾是当地人们养家糊口的"摇钱苇"。随着工业替代品的开发与快速增值，传统芦苇市场受到塑料市场的冲击。白洋淀地区的芦苇合作社受成本因素影响濒临破产，大量弃苇污染周围水域，焚烧芦苇秸秆会污染空气且存在安全隐患。曾经的"小金条"变成了如今的"荒草滩"。华北电力大学（保定）创新团队"芦苇花开"项目组，成功开发生产出全新产品——芦苇木塑。在参赛过程中，专家对项目的产品设计、市场对接和营销方式给予现场指导，芦苇花开项目组团队在几轮参赛过程中，持续努力，行动在实验室、合作社、与代工厂之间，完成了与资源浪费、产业衰退、生态破坏的搏击，凝聚起淀区各个主体的力量，构建出芦苇资源综合利用模式，显著提高了白洋淀芦苇的经济价值和生态效应，最后成为获奖项目。

（三）汇聚创新资源

在经济新常态下，培育国际竞争新优势需要具备核心技术和其载体——竞争力强的产品，而其前提是聚集创新创业资源，形成定位精准、具备核心能力的平台。近年来，各地纷纷建立了"创新工场""车库咖啡"等创客空间和基地，甚至成为不少城市或高新区的"新标配"。创业创新空间的出现不仅为创客群体提供了工作场所，同时成为吸引天使投资人的平台，缩短创新成果和创业团队的育化周期，从而使之逐步发展成为充满内生活力的创新创业生态系统。[1]

---

[1] 中国社会科学院工业经济研究所未来产业研究组.影响未来的新科技新产业[M].1版.北京：中信出版社，2017.

在众创众筹的新时代,创新创业者更需要有智囊团的指导、有可启动的创业资金、相关技术服务等,只有这样才能避免少走弯路,提高创新创业效率。

创新创业大赛的初衷,就是以大赛作为平台和载体,为科技型中小企业提供精准服务。在整个赛事中,不仅将政府、企业、创业导师、金融机构、专业服务机构等聚集一堂,同时还邀请省内外知名媒体对整个赛事进行全程报道。参赛企业通过大赛,展示、宣传了本企业或创新团队的新成果,同时也得到了现场导师指导,以及金融机构的资本对接。可以说,参赛企业既得到了锻炼,又得到了荣誉。创新创业大赛也成了高规格、高水平的创新资源汇集平台。从2018年河北省创新创业大赛结果来看,通过大赛全程的磨炼,一批创新创业成果显示出的顽强的生命力和很高的市场竞争力。在互联网行业领域,参赛者采用人工智能、物联网、VR显示、3D打印等先进技术,嫁接、改造传统产业,设计研发新产品,很多已经形成品牌,拥有一定的市场占有率,在国内相应领域处于领先地位。就企业典型来看,荣获河北省第六届创新创业大赛一等奖的全息汉字秦皇岛科技有限公司就充分利用各类资源,打造形成了针对需求、提供解决方案的供应商。其董事长杨靖提到:"21世纪丝绸之路经济带和海上丝绸之路必将是一条人类交流交往、合作共赢、文明互鉴之路。中国欲走向世界,必先了解世界、认清世界,才能真正融入世界。能否用世界主流的语言文字模式,传扬博大精深、蕴藉简约、内涵深邃的汉语、汉文化,是中华民族梦寐以求的世纪向往,是东方文明现代化的必然前程。"针对这一形势,公司研发推出的"字母化国际汉语"项目有效破解了对外汉语教学难题,为对外汉语教学打开了一片新天地。在"一带一路"的深层推进中,集中优势资源攻关"字母化国际汉语",这既是利用科学技术将汉语文化向世界传递的创新方式,也是汉语告别封闭自锁、走向世界、步入辉煌的必由之路。

(四)发挥政策合力

政策是保障创新发展可持续性的必备条件之一。在企业技术创新过程中,因为科技创新的风险与成功率,需要政府给予相应的政策支持,尤其是财税、

投融资、人才团队、技术引进和转化等方面的政策。河北省创新创业大赛将各种支持政策打包，全力助推科技型中小企业成长壮大，这是创新创业的普惠性政策。为进一步做好大赛优秀项目的奖励和服务，河北省第六届创新创业大赛新增1000万元用于大赛奖励，奖励专项总计达2000万元。通过以赛代评方式，加大促进优秀项目落地转化力度。本届大赛决出的冠、亚、季军将分别获得100万元、90万元、80万元专项奖励，第4名至第10名将获60万～70万元奖励不等。这些政策的打包推出，提高了政策激励强度，进一步推动了创新创业活动，也为科技型中小企业创新发展提供了重要保障。

参考文献

[1] 许德友. 消费升级：高质量发展的需求侧动力 [N]. 深圳特区报，2019-03-26.

[2] 刘雅婷，定明龙. 创新创业生态系统服务体系初探 [J]. 中国科技资源导刊，2018，50（4）：84-95.

[3] 湖南省中国特色社会主义理论体系研究中心. 在推进伟大事业中始终保持战略定力 [N]. 光明日报，2018-04-19.

[4] 中国社会科学院工业经济研究所未来产业研究组. 影响未来的新科技新产业 [M]. 1版. 北京：中信出版社，2017.

第二章

理念与架构

一、大赛的概念与主题

（一）大赛的概念界定

1. 大赛的概念

大赛也叫比赛，是一种竞技活动的评比形式。《现代汉语词典》中竞赛的含义是"互相比赛，争夺优胜"。由此可以看出，竞赛主要是指在一定规则框架内，由一人或多人共同参与合作的竞争性活动。一般意义上讲，大赛是指一个国家或地区的经济社会活动领域中，通过设定一系列规则条件，在规定的时间范围内让参赛者在体能、技术、技能等方面进行专业化或综合性较量，最终依照规则评定出胜负或者排名的活动。通常把规模比较大、参与范围广、影响力大的比赛称为大赛，一些小型的活动称为比赛。

2. 大赛的分类

大赛可根据行业领域、参赛人数、涉及范围、参赛方式等进行分类。可以是个人参与，也可以是以团队形式参赛，目的是通过竞争促进发展。按比赛地点分，可分为互联网大赛、场地赛和线上线下同时举办的大赛；按行业领域分，可分为体育比赛、科技创新大赛、大学生创业大赛等；按涉及范围分，分为区域性、全国性和国际性大赛；等等。

3. 大赛的作用

大赛通过设定一系列规则来评价人或事物的优劣，通过竞争选拔的逐层筛选过程，选出能力或质量等方面水平最高的。通过比赛遴选的激励效应，能够推动行业、领域等事业朝着更高水平发展。

（二）创新创业大赛的内涵及特点

1. 创新创业大赛的内涵

《现代汉语词典》中创新是指："抛开旧的，创造新的。"广义上的创新，指的是在现有思维模式下，提出区别于常规思路的见解，通过一定的方法和技术手段取得一系列正面积极的效果。从创新的概念解释看，将突出思想、方式方法、技术手段的变革，并取得积极效果的行为均称为创新。不同的学科对创新的解释有不同的侧重。经济学角度上的创新，是指通过现有的知识和条件，对旧产物进行改进或创造新产物，并从中获利的行为。社会学视角下的创新，是指运用已经具备的知识和条件，突破原来的瓶颈和束缚，发现或创造新颖、独特、有一定价值的新鲜事物或新思想。

关于创业的内涵，杰夫里·提蒙斯（Timmons.J.A）在其著作 *New Venture Creation* 里指出，创业是一种行为方式，更是创造经济利益或者社会价值的过程，跟创业者自身整合资源的能力水平、思考方式、推理方式有关。[①]

创新创业大赛是指基于技术、产品、品牌、服务、商业模式、组织管理、市场、渠道等方面的某一点或几点创新而进行的创业比赛活动。具体而言，是指以大赛为载体，通过众多企业和团队的积极参赛，将创新思想和创新成果展示出来，通过交流、推广等，促进一批领军企业和优秀团队加快发展，推动经济结构优化升级。因此，创新创业大赛的内涵更突显创新创业水平。

创新创业大赛的3个基本要素包括参赛条件、环节设置、激励机制（图2-1）。

①参赛条件：即门槛条件，为了保障公平、公正、公开选拔优秀项目、人物、团队（组织）等，需要根据比赛内容和形式，对参赛者的基本情况、优势特长、发展预期等设定条件，规避以弄虚作假赢取大赛的不良行为。创新创业大赛主

---

① https://baike.so.com/doc/5366934-24524069.html.

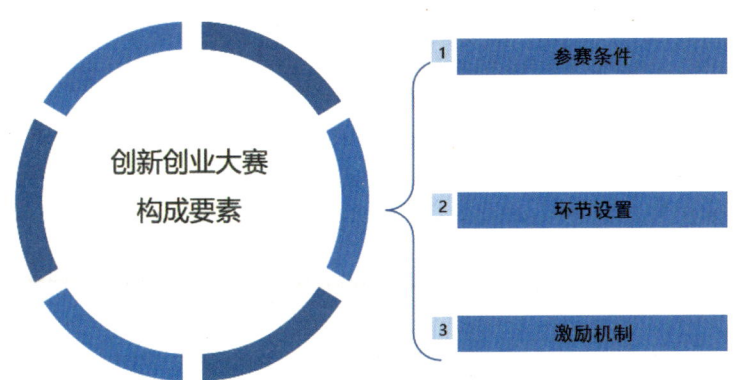

图 2-1 创新创业大赛构成要素

要针对企业和创业团队举办，根据企业和创业团队的成长发展、创新能力、技术成果、科研队伍等方面进行一系列条件约束，为参赛者创造公平的参赛环境。

②环节设置：是指根据整个赛事的时间轨道和赛事流程中的某些关键步骤，按照顺序依次安排赛事相关的活动内容，让参赛者及时全面掌握赛事阶段性进展和相关要求。从时间流程看，河北省创新创业大赛主要分为赛前仪式启动、赛中项目评审、赛后宣传报告和对接服务；从具体环节来看，根据赛种设置和办赛方式，又分为初评、复评、省级决赛、全国总决赛。

③激励机制：在组织系统中，激励主体系统运用多种激励手段并使之规范化和相对固定化，实现更高水平的发展。创新创业大赛对获奖企业和创业团队给予奖金奖励，并优先享有相关支持政策，大赛荣誉既激发了企业和团队的参赛激情，同时也有利于提升企业和团队的社会知名度。

2. 创新创业大赛的特点

一是体现河北特点。河北省紧紧抓住京津冀协同发展战略、雄安新区的设立和北京—张家口冬奥会的举办这三大机遇，同时结合河北省的产业特点，围绕电子信息、生物医药、先进制造、新材料及节能环保等战略性新兴产业设置赛种，并从顶层设计、组织运行、服务对接、宣传推广等方面，精心谋划，全力推动，办好创新创业大赛，为科技型中小企业和创新创业团队提供多元化服

务平台，加快河北省产业转型升级。

二是办赛理念新。近年来，我国经济迈向高质量发展，创新创业大赛紧跟国家政策走向，不断创新办赛理念。从办赛主题看，2018年，中国创新创业大赛遵循"科技创新，成就大业"主题，河北省创新创业大赛遵循"新时代、新动能、新希望、新征程"的主题，既凸显时代特征，又体现了河北的特点。在比赛项目中，河北创新创业大赛更注重"新"，在组织项目、谋划项目、组织参赛项目的过程中，考察参赛项目是否是新技术、是否是新产品、是否是新工艺、是否是新模式和新业态等。可以说，创新的思想贯穿于大赛的全过程。

三是宣传方式新。针对参赛群体涉及面广、分散性特点，河北省创新创业大赛采取赛前充分动员和赛后广泛宣传相结合，不断创新宣传方式。一方面，宣传方式由一变多，除了大赛官网的宣传推广外，还充分利用电视台、报纸、互联网等多种媒体进行宣传报告，让广大创新创业者能够及时、准确、快速地获得大赛相关信息；另一方面，针对办赛过程，专门制作河北创新创业大赛宣传片，充分借助于新媒体技术——微信公众号"小科斗"，对大赛、对创新创业工作进行传播。在整个大赛中，聚焦于"创"字发散思维，增强品牌意识，输出河北创新创业大赛品牌，输出规范、规则、流程，让创新的思想处处闪光。

四是赛种设置新。参照国家创业大赛的赛种设置，紧密结合河北省近些年来的新兴领域和技术创新前沿，每届创新创业大赛都会对赛种的行业领域不断拓展创新，以更好地适应当前新产业、新业态发展的新趋势。例如，2018年的创新创业大赛按电子信息、新材料、新能源及节能环保、生物医药、先进制造、互联网和军民融合等7个行业分别设定行业赛，同时结合一些地市的产业结构特点，将两个行业赛由地方负责承办。

（三）大赛的主旨与目的

1. 大赛的主旨

河北省创新创业大赛主旨是以市场为导向，搭建科技型中小企业发展平台，实现科技创新与资源需求、科技创新与市场的有效对接，提升科技型中小企业科技创新能力。

2. 大赛的目的

秉承"赛马场上选骏马"的理念，大赛通过推介培训、竞赛评审、政府扶持和资本对接、专家辅导体系，引导区域创新资源和社会资本等资源，形成合力支持企业创新和团队创业，扶持战略性新兴产业中具有高成长性、高技术含量的企业和团队在河北省落地生根，为科技型中小企业提供多元化支持。

（四）大赛的主题

1. 全国大赛的主题

2018年中国创新创业大赛的主题是"科技创新，成就大业"。这一主题是为了更好地落实党中央、国务院提出的大众创业、万众创新的重大战略部署，深入实施创新驱动发展战略，聚集、整合、优化各种创新创业资源，搭建更高端的服务创新创业平台，进一步弘扬创新创业文化，激发全民创新创业的热情，掀起创新创业的热潮，打造推动经济发展和转型升级的强劲引擎。

以中国创新创业大赛为载体，通过引导和发动广大科技型中小微企业、创新创业团队的积极参赛，银行、创投、担保等金融机构的深度参与，新闻媒介持续深入的宣传报道，各级各部门组织的创业辅导培训等，共同培育"崇尚创新、支持创新、宽容创新、激情创业、科学创业、务实创业"的创新创业文化，营造良好的创新创业生态环境。

2. 河北创新创业大赛的主题

2018年河北省创新创业大赛的主题是"四新"：新时代、新动能、新希望、新征程，彰显了新时期河北省由抢抓机遇、转换动能、描绘希望到迈向未来的美好前景（图2-2）。

①新时代。当前，新一轮技术革命和产业变革将在战略性新兴产业领域引爆，正在进一步加速产业技术融合，为新技术、新业态、新模式的生态创造了最佳契机。从河北来看，正处在京津冀协同发展、规划建设雄安新区、筹办2022年冬奥会

创新创业大赛
品牌 平台 机制

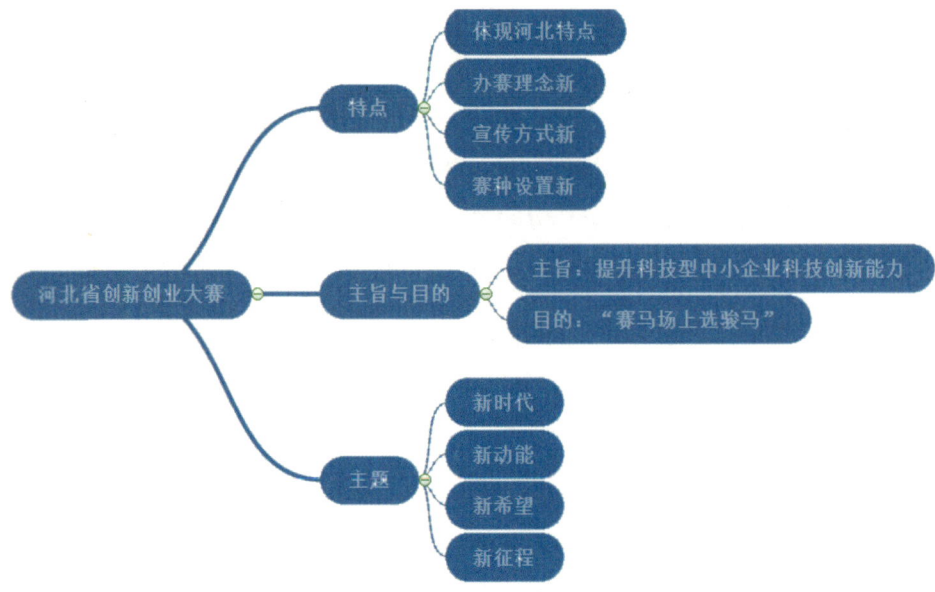

图 2-2 河北省创新创业大赛的特点与主题

等战略叠加期,三大战略的深入实施,将京津乃至国际资本、技术、重大项目等优势性资源要素"引进来",河北省的创新技术成果"走出去",尤其是京津冀三地之间的交流与合作为创新创业者提供更多的资源和机会,将会涌现出大批高科技人才,这些创业英雄纷纷投身到创新创业当中,引领着新技术和新产业发展,成为双创时代的动力。

②新动能。随着我国创新驱动战略的深入推进,传统的高投入、高消耗、粗放式发展方式难以为继,培育壮大新动能势在必行。当前河北省正处在转型升级和新旧动能接续的关键节点,推进大众创业、万众创新,支持各类市场主体不断开办新企业、开发新产品、开拓新市场,培育新兴产业,形成小企业"铺天盖地"、大企业"顶天立地"的发展格局。河北省创新创业大赛鼓励萌芽的、初创的、新生的,尤其是推动新旧动能转换的增长点和新业态,让创新成为新增长点和新动力。

③新希望。创新创业大赛为企业搭建舞台,汇聚创新创业资源,成为参赛

者创新发展的信息交流、经验分享的舞台，这些成功企业的创业经历和创新成果对推动全省经济转型升级也将发挥引领示范作用。通过举办大赛，进一步激发了全社会的创新创业热情，增强了大众创新创业的信心和希望。

④新征程。创新是经济社会发展的持久动力，在未来的发展道路上，创新创业大赛作为最大的众创空间，成为更多科技型中小企业成长服务的平台，逐渐为广大创新创业者所认可和向往。创新创业大赛通过创新信息传递、创新资源共享、创业经验交流，不断在全社会形成深厚的创新创业氛围，形成千帆竞发、百舸争流的生动画面，激励着更多市场主体创新创业，迈向创新发展的新征程。

二、创新创业大赛的理念

经过近年来大赛组委会的精心谋划和组织运行，河北省第六届创新创业大赛形成了特定的理念。大赛理念立足当前创新创业的现实需求，推动创新创业活动不断向高水平迈进。

（一）创新办赛

1. 创新办赛意识

所谓创新意识是人们对创新与创新的价值性、重要性的一种认识水平、认识程度及由此形成的对待创新的态度，并以这种态度来规范和调整自己活动方向的一种稳定的精神态势。[①]创新意识表征一定社会主体奋斗的明确目标和价值指向性，成为创新主体产生稳定、持久创新需要、价值追求和思维定式及理性自觉的推动力量，成为唤醒、激励和发挥人所蕴含的潜在本质力量的重要精神力量。[②]创新是创业的本质和源泉，经济学家熊彼特提到"创新包括创新和未曾尝试过的技术"。创新创业大赛的顶层设计需要有创新的思想

---

① 孙敬全，孙柳燕. 创新意识 [M]. 上海：上海科学技术出版社，2010.
② 陈清泰. 创新与产业升级 [M]. 北京：中信出版社，2018.

统领，立足科技创新发展前沿，以新的办赛思想和理念去推动大众创新创业，才能不断探索新模式、新思路，最终推动创新创业大赛不断完善，作用越来越凸显。河北省创新创业大赛根据每年新的发展态势，不断增强创新意识，设定不同的办赛主题，与创新创业现实需求不断精准对接，优化办赛流程和推出新的办赛方式。

2. 创新办赛方式

办赛方式不断推陈出新，既是适应新业态、新模式的需要，也是创新创业大赛的本质需要。河北省创新创业大赛在参赛流程、环节设置和活动安排不断创新。

①大赛流程不断优化。整个赛事过程中，围绕赛事活动建立大赛时间路线图，清楚展示大赛每个阶段的时间、内容、参赛方式，尤其是在报名方式上，采用现代信息技术加以辅助，通过登录大赛官网实现对整个报名和信息、流程的查询。

②精雕细琢环节设置。更加注重赛事的细化和活动安排，给参赛者预留足够的准备时间，减轻参赛主体的参赛时间成本。与此同时，将高等院校和科研院所技术信息资源、各金融机构的信息供给、各类创业导师信息有机融合到赛事活动中，方便企业信息搜索。

③丰富系列活动内涵。企业通过参赛获取银行和投资机构的认可，获得资金支持，如在比赛中组织各项配套活动，为参赛单位提供多元化服务，专场融资路演、主题论坛、行业沙龙、展览展示、公益大讲堂等，多维度整合各类政府扶持资源。

（二）协同办赛

创新创业大赛涉及多个层面、多维主体，协同推进十分重要。大赛组委会加强顶层设计，借力使力，有机融合发挥各级各部门力量，形成了办赛合力。

1. 方式协同

在办赛方式上，河北省创新创业大赛采取主赛场+行业赛的协同办赛方式。为了凸显河北地市产业优势，彰显区域创新实力，大赛组委会在统一组织、统一部署、统一标准的情况下，将部分赛场由地市申请承办，进而形成了以"石家庄为主赛场＋各地承办分赛场"的协同办赛方式，即"1+N"模式。

在赛程安排方面，大赛组委会根据每次大赛设置的赛种，工作人员组织大赛参赛选手，布置场地，经过前期紧张的审核推荐和初赛评审，以及后期的复赛和省级决赛，有条不紊地推进。同时，大赛组委会邀请了来自省内外知名的行业专家、技术专家、大学教授、投融资机构负责人等担任大赛评委，现场为参赛企业答疑解惑，形成参赛者与评委之间的良性互动。

2. 组织协同

河北省创新创业大赛建立了上下齐动、内引外联、功能完善、分工明确的组织体系。大赛组委会由河北省科学技术厅1个主办单位和若干个支持单位共同组成。组委会下设办公室，办公室设在河北省科技型中小企业技术创新资金管理中心，负责大赛各项工作的具体执行。大赛组委会办公室通过发挥组织、协调、督导等职能，担负着大赛培训服务、评审、宣传报道工作及后续跟踪服务。与此同时，各有关省（市、县）科技系统的管理部门组织动员配合，部门大力支持。包括由石家庄市鹿泉区人民政府承办的军民融合行业赛；由石家庄高新技术产业开发区管理委员会承办，石家庄高新技术产业开发区科学技术局、石家庄金志文化传播有限公司协办的生物医药行业赛等，都发挥了很好的组织协调功能。

（三）公平办赛

1. 办赛原则

整个赛事过程坚持公平、公正、公开原则，全部都是在阳光下操作。

（1）公平

一是报名环节的公平。大赛分初创企业组、成长企业组和团队组进行比赛。符合条件的参赛队伍自愿登录河北省创新创业大赛官网报名参赛。大赛不向参赛队伍收取任何费用。大赛官网是报名参赛的唯一渠道，其他报名渠道均视无效。

二是比赛过程的公平。大赛的公平性体现在没有任何隐私，没有任何私下

动作，全部是在阳光下操作。包括：①评审依据。严格按照科技部《关于举办第七届中国创新创业大赛的通知》（国科发火〔2018〕76号）、《第七届中国创新创业大赛地方赛工作指引》及《第七届中国创新创业大赛（河北赛区）暨河北省第六届创新创业大赛的通知》（冀科企函〔2018〕11号）进行设定。②评审专家。评委以技术专家为主，结合实际情况选择熟悉产业技术的创投专家参加评审工作。参与评审的技术专家，具备较丰富的产业技术经验，且须进入大赛评委库。同时以客观认真的态度，以高度负责的精神，对待每一份申报材料，同时评委们的一举一动、一言一行都是在社会、网络和舆论的监督下进行，甚至是每一个阶段的结果都要向外公开。每个评审组设置3个评审专家，有主审和复审，评审结果是3个评审的共同意见，打分及评价意见须录入大赛系统，同时打印纸质版，经评委签字确认后，分类留存。

三是评审过程的监督。河北省创新创业大赛现场都有公证处人员驻场，公证员监督抽取答辩顺序及赛事公平性，保证评选结果公平。在评审应急处理方面，大赛中如发生参赛企业和团队投诉、纠纷等事件，由评审工作组按照相关规定和程序妥善处理。发生严重违反公平竞争原则的，评审工作组有权采取相应的措施进行处理，包括取消评委资格、企业和团队参赛资格、追究相关人员行政责任和法律责任等。

（2）公开

河北省创新创业大赛全过程以公开透明、逐级遴选的评选方式产生获奖企业和团队，分为报名、形式审查和推荐、初赛、行业赛和全省总决赛5个阶段。

参赛企业和团队通过互联网平台报名后，由省级科技管理部门负责本辖区内参赛企业资格审查等工作。大赛组委会负责组织专家团队对符合条件的企业和团队进行评审，推荐和初赛采用会议或网络书面形式评审。行业赛和总决赛采取现场答辩的评审模式，分行业、分组进行，评审现场全程摄像。参赛选手按照抽签次序参加答辩，参赛队伍须在开赛前60分钟到达比赛现场并签到，赛前30分钟进行抽签确定参赛次序。评比现场，评委当场亮分，以全体评委的平均分作为最终得分。

（3）公正

从评审形式看，河北省创新创业大赛设立行业评审组，每个评审组由3位评委组成，并设组长1名，组长除参与评审外，还要负责本组专家对被评审企业和团队的评价意见汇总、把控本组评审进度等；评委根据企业和团队的提交材料及答辩情况，按照规定评选程序，独立、客观、公正、科学地对评选项目进行评价和评分。

从对评审专家的要求看，为了客观公正地评比，大赛对参赛评委制定了相关规则：大赛评委如与参赛企业、团队存在利益关系应主动向大赛组委会提出回避；评委不得利用其特殊身份和影响，采取非正常手段为参赛企业、团队提供便利；未经大赛组委会批准，评委不得自行调换评选组；评委不得跨组对参赛项目进行讨论；评委不得泄露被评选企业和团队名单、评委名单、评选结果，现场收到的全部参赛项目材料，评选结束后返还组委会办公室；评委不得索取或者接受参赛企业、团队或相关人员的礼品、礼金、有价证券、支付凭证及可能影响公正性的宴请或其他好处和任何利益。

从参赛项目看，凡在评审中发现涉及国家秘密、军事秘密、宗教信仰、造假、抄袭、重复申报、往届大赛获奖项目、伪科学的参赛项目一律取消参赛资格，并上报组委会办公室。

2. 参赛流程

①自评符合参赛条件的企业和团队自愿登录大赛官方网站（www.cxcyds.com）统一注册报名。报名队伍应提交完整报名材料，并对所填信息的准确性和真实性负责。

军民融合项目的参赛主体为从事军民融合项目的企业和团队，行业领域分为电子信息、新材料、新能源、生物医药、先进制造，参赛条件、比赛安排与其他行业一致。在报名系统填报申请材料时，须在"企业概要"栏第一行注明"军民融合项目"，同时出具纸质《参赛项目技术信息保密承诺书》。

②各市（含定州、辛集市）科技局、国家级高新区负责辖区内企业和团队报名材料的形式审查，对符合参赛条件且提交报名材料完整的队伍确认参赛资

格，并来函推荐。

（四）规范办赛

1. 规范细化大赛流程

为了提高办赛数据的准确性，大赛报名表格各条目设置非常具体，提升了比赛数据管理的准确性；在信息保护方面，专门制定了信息保护制度，避免无意泄露企业、比赛、评审等信息；优化比赛流程设置并完善大赛评委约束机制，建立评委参加比赛的相关制度，强化对评委的赛前培训和信用管理；同时细化大赛评分细则。在现行评分标准的基础上，进一步在技术和产品、商业模式及实施方案、行业及市场、团队4个方面制定细化评分标准，探索量化指标体系。

2. 建立大赛宣传推广和新闻发布制度

随着创新创业大赛规模的扩大，在赛事动态、企业展示、宣传推广方式和口径等方面建立了统一的制度，有力保证了大赛信息传播的及时、准确和规范，为大赛可持续发展奠定了坚实基础。例如，大赛宣传推广方面，建立了传统媒体与新媒体相结合的立体式宣传模式，并统一宣传口径，由专门人员定期在各类媒体发布大赛最新动态。

（五）开放办赛

1. 参赛者开放

河北省创新创业大赛遵循开放办赛的理念，立足河北，面向京津，辐射全国。参赛队伍主要为河北省内注册的企业和团队。为了适应京津冀协同发展大势，扩大比赛影响力，让更多有创新创业想法的社会公众都能够参与其中，河北省创新创业大赛不断拓宽领域，吸纳京津企业参与到比赛中，尤其是在承接京津技术转移、转化过程中，催生了很多科技型中小企业，让这些新群体加入河北省创新创业大赛中，不仅强化了京津冀科技成果与河北产业的深度融合，而且为河北经济社会发展增添了新动力。

2. 办赛资源开放

政府放开赛事资源，为全社会和市场主体提供了同台竞技的机会，从项目推介会到委托第三方专业机构公开招标等，全部实行市场化运作。同时，在比赛过程中，通过组委会各部门的分工协作，实现创新创业资源的整合优化，并结合企业的政策诉求，加强与中小企业相关管理服务主体的联动。

三、大赛的流程

（一）大赛参与主体

从大赛主体看，河北省创新创业大赛包括组织者、参与者、评价者、服务者、关注者。通过创新创业大赛，促进了各参与主体的良性互动，推动了大赛的健康运行（图2-3）。

1. 组织者

从管理学角度看，所谓组织者，是指直接参与组织活动管理的人员或团队。具体而言，是指在社会经济活动中，承担组织活动目标导向、组织结构设计与有意识的协调活动，负责整个组织活动设计安排及取得预期成效的人员或团队。

河北省创新创业大赛组委会由主办单位、支持单位共同组成。以河北省科技厅牵头作为主办单位，河北省财政厅、河北省教育厅、河北省网信办、河北省工商联为支持单位。大赛组委会下设创新创业大赛办公室，负责大赛各项工作的具体执行。办公室设在河北省科技型中小企业技术创新资金管理中心。同时，河北省11个设区市的科技局也积极配合，成立了市级的大赛组委会机构等。

2. 参与者

一般意义上讲，参与者是指与某种活动

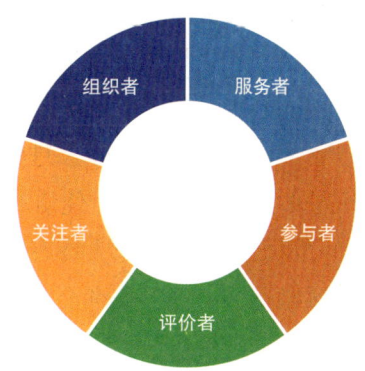

图2-3 大赛的构成要素

或系统进行信息交换或交流的各类群体。河北省创新创业大赛参与者主要包括科技型中小企业和创新创业团队。从2018年度的参赛情况看，参赛企业和团队分布在六大领域，其中新材料行业308家、生物医药539家、电子信息510家、新能源及节能环保547家、先进制造520家及互联网1182家。

3. 评价者

评价者是指对一件事或人物进行判断、分析后得出结论的人。其作用是对某一事物、人物、活动的价值衡量和评价。从创新创业大赛看，评价者主要指为各类参赛企业和团队创新创业价值和水平做出评价的各领域专家。

河北省创新创业大赛精选各领域专业导师，行业领域的技术专家、高校教授、风投家，慕名前来寻找合作伙伴的企业家，充分发挥创业导师的专业作用，实行集体辅导和精准对接相结合的办法为参赛企业提供专家咨询、融资辅导、项目推介等个性化辅导服务，帮助创业者确定创业目标、实施商业计划，助力创业者走向成功。2018年第六届河北省创新创业大赛共邀请了近80名评审专家，他们中有省内外知名的投资管理公司、河北省高校和科研院所专家、科技创业投资公司领导等，组成了创业导师团队。这些专家评委在参赛现场为每个参赛项目进行专业评价，部分专家在大赛组织的系列培训活动中，为企业面对面提供咨询辅导、项目推介等个性化服务。

4. 服务者

服务者是指为他人提供的一种有偿的或无偿的活动，以提供劳动的形式满足他人某种特殊需要的人。创业服务是对创业者提供创业指导、创业咨询和创业帮助的一种服务模式，是创业企业和创业者走向成功的重要因素。完善创业服务体系，提供专业、优质的创业服务，是赛事服务工作的重要内容。

河北省创新创业大赛有专门的服务团队，瞄准企业创新创业中各种需求，通过举办创业辅导培训会、创业集训营、行业论坛、模拟路演、展览展示等一系列活动，吸引了龙头企业、创投机构、产业研究机构、孵化器，以及众创空间、创业服务机构、创新创业企业参与到大赛中。例如，在破解企业融资难方面，河北省创新创业大赛不断创新支持方式，建立了河北与京津统筹使用创新券的制度，并每年安排1亿元的省级科技创新券，主要用于支持企业购买创新服务，开展技术合作等。在支持技术转移转化机构建设方面，经省级认定后最高给予30万元的一次性奖励，对促成京津等重大成果转移转化的技术转移机构、技术交易机构，经技术核准认定登记后，按成交金额的2%给予奖励，单个机构每个不超过100万元，所转化项目纳入省级重大成果转化项目支持序列。

5. 关注者

关注者是指对某些人或事物的种种信息、动态、结果等相关信息投入注意力的人。河北省创新创业大赛的关注者主要指社会公众和新闻媒体。

随着近几届河北省创新创业大赛的成功举办，各部门对大赛促进科技型中小企业发展壮大作用的认识程度不断提高，将大赛作为本部门本单位推动大众创业、万众创新和服务企业发展的重要抓手。与此同时，随着大赛影响力的不断提高，社会公众对大赛的认识进一步提升。从各类媒体的宣传报道看，河北省创新创业大赛的宣传工作有计划、有组织、有目的，实现了上下联动，通过电视、网络、报刊、新媒体等多种渠道，宣传和推介大赛，传播大赛主题，传递大赛信息，让更多的创新创业者关注大赛、参与大赛和推介大赛。

（二）大赛架构与流程

1. 大赛架构

河北省创新创业大赛建立了自上而下、分工明确、有效运行的两级组织架构。上级组织为河北省创新创业大赛组委会，包括河北省科技厅、河北省财政厅、河北省教育厅、河北省网信办、河北省工商联等部门。下级组织包括策划机构、宣传机构、组织赛事机构和政策服务机构，负责大赛各项工作的具体执行。具体架构如图2-4所示。

2. 大赛流程

按照大赛启动时间和各环节流程，河北省创新创业大赛共包括报名、审查、初赛、行业赛、总决赛5个阶段。以2018年河北省第六届创新创业大赛流程为例：

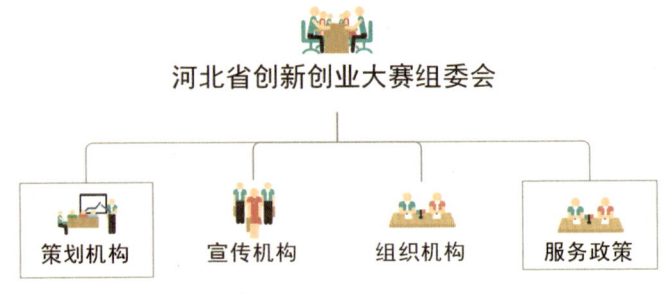

图 2-4　大赛架构

第 1 阶段——启动报名：2018 年 4 月 22 日至 6 月 25 日，大赛组委会组织筹划大赛启动会，接收各地参赛企业和团队报名。

第 2 阶段——审查推荐，2018 年 6 月 25 日至 7 月 2 日，符合参赛条件的企业和团队登录河北省科技型中小企业综合服务平台（zxqy.hebstd.gov.cn）统一注册报名。各设区市（含定州、辛集市）科技局、国家级高新区负责辖区内企业和团队报名材料的形式审查，对符合参赛条件且提交报名材料完整的队伍确认参赛资格，并来函推荐。

第 3 阶段——初赛，2018 年 7 月 28—30 日，进入初赛的企业和团队，按照国家和省赛统一评审规格和流程组织本地区地市赛，按照组委会分配名额推荐入围名单。不举办地市赛的设区市，参加全省综合赛区初赛，初赛采用网络书面评审和会议评审，按照评分排序晋级进入行业赛。

第 4 阶段——行业赛，2018 年 8 月 21 日至 9 月 11 日。行业赛除了主会场外，又设立了两个分会场，分别为石家庄市鹿泉区的军民融合行业赛和石家庄高新区的生物医药行业赛。

行业赛，2018 年 8 月 24—26 日举行。行业赛由省大赛组委会统一组织，按照大赛组委会统一规定和流程组织行业赛。2018 年度行业赛参赛企业和团队共 316 家，分布在电子信息、新材料、新能源及节能环保、先进制造、互联网 5 个领域。晋级的企业和团队奖数量根据中国创新创业大赛的分配名额，按全省行业赛企业组评分排序，推荐企业参加全国总决赛。由各行业赛前 3 名企业并结合专家推荐意见，评选 10~15 家企业参加全省总决赛。

军民融合行业赛，2018 年 8 月 21—22 日举行。军民融合行业赛在石家庄市鹿泉区举办，36 支队伍参与了 2018 年的赛事活动。经过激烈的角逐，最后有 6 支队伍获奖。其中，河北东森电子科技有限公司摘得决赛冠军。军民融合行业赛选在石家庄市鹿泉区举办非常有代表性。该区深入贯彻落实国家、省、市创新发展的有关精神，深入实施创新驱动发展战略和军民深度融合战略，在全省率先成立军民融合"五大中心"，设立 6000 万元创新创业引导资金、2000 万元人才奖励资金、50 亿元高新产业和军民融合发展基金，全面激发全社会创新创业活力。目前，该区已经初步构建起"研发—交易—转化—落地—成长"全链条创新创业培育体系，形成了"研发、交易、转化 3 个平台共建，全国信息一张网共享，峰会、展会、赛会多活动促进"的军民融合发展鹿泉模式。赛事期间，组委会安排鹿泉区"双创政策"发布会、参观鹿泉创新中心军民融合优秀项目、军民融合产业聚集发展与实践论坛、创业集训营、模拟路演等多项活动。

生物医药行业赛，2018 年 8 月 28—29 日在石家庄高新区开赛，共有参赛队伍 35 支，8 支队伍获奖。9 月 11 日，河北省第六届创新创业大赛生物医药行业赛及颁奖仪式举办，晋级生物医药行业决赛企业和团队负责人、专家、科技型中小企业代表，高校、科技园、众创空间等创新创业载体共 300 余人参加决赛暨颁奖典礼。经过激烈角逐，河北菲尼斯生物技术有限公司摘得生物医药行业决赛的冠军。

第 5 阶段——总决赛，2018 年 9 月 27 日举行。总决赛分为预赛和决赛。从万物复苏的 4 月到金秋送爽的 10 月，从初赛报名的 3606 家企业历经数场初赛评审，最终有 316 个项目晋级行业赛，按照国家和省大赛工作方案要求，行业赛采用"现场答辩、当场亮分"的评选方式，按分行业、分组别进行现场答辩，按项目最终得分评选出各组、各行业一二三等奖，并结合专家推荐意见，评选10 家优秀企业及团队进入河北省第六届创新创业大赛总决赛，上演了一场本届大赛史无前例的巅峰对决（图 2-5）。

创新创业大赛
品牌 平台 机制

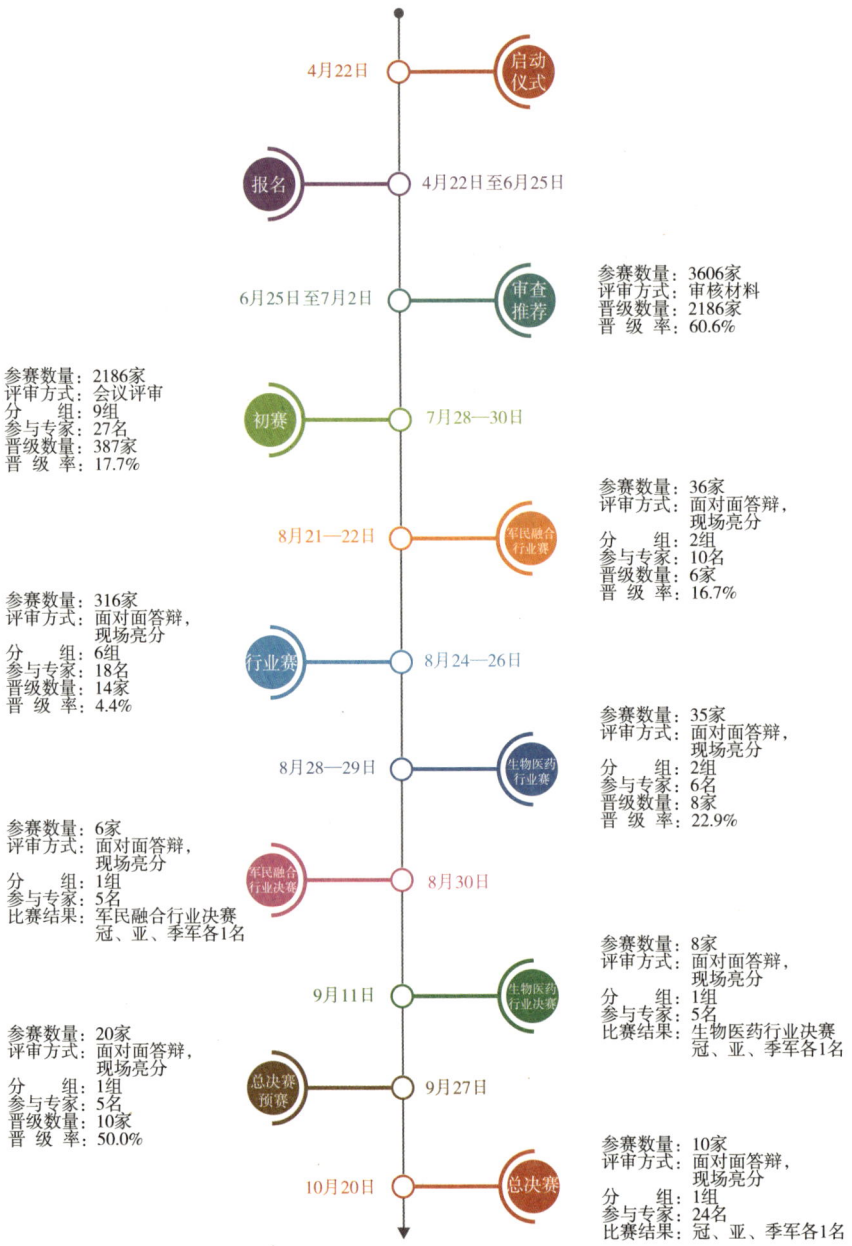

图 2-5 大赛流程

四、大赛的规范

根据科技型中小企业和创新创业团队的特点，河北省创新创业大赛从参赛条件、评审规范、奖励标准方面进行了详细设定。以下为第六届河北省创新创业大赛相关规范。

（一）参赛条件

1. 企业组

企业组应同时具备 7 个条件，主要标准如下。

①企业具有创新能力和高成长潜力，主要从事高新技术产品研发、制造、服务等业务，拥有知识产权且无产权纠纷。

②企业经营规范、社会信誉良好、无不良记录，且为非上市企业。

③企业 2017 年营业收入不超过 2 亿元人民币。

④企业注册成立时间在 2008 年 1 月 1 日（含）以后。

⑤大赛按照初创企业组和成长企业组进行比赛。工商注册时间在 2017 年 1 月 1 日（含）之后的企业方可参加初创企业组比赛，工商注册时间在 2016 年 12 月 31 日（含）之前的企业只能参加成长企业组比赛。

⑥入围全国行业总决赛的成长组企业，必须在省级科技管理部门推荐时获得科技型中小企业的入库登记编号（登记网址：www.innofund.gov.cn）；对初创组企业不作此项要求。

⑦前六届中国创新创业大赛全国总决赛或全国行业总决赛获得一二三名或一二三等奖的企业不参加本届大赛。

2. 团队组

团队组应同时具备以下条件。

①本届大赛报名截止前，尚未在国内注册成立企业的、拥有科技创新成果和创业计划的创业团队（如海外留学回国创业人员、进入创业实施阶段的优秀科技团队、大学生创业团队等）。

②核心团队成员不少于3人。

③参赛项目的产品、技术及相关专利归属参赛团队，与其他任何企业、团体、个人无产权纠纷。

（二）评审规范

1. 评选方式

创新创业大赛按照行业分组、推选组长、项目评分、汇总签字、晋级原则、成绩录入的流程设定评选方式。大赛按电子信息、先进制造、互联网、新材料、新能源及节能环保5个行业，分为6个评审组（由于互联网项目较多，安排2个评审组）同时进行评审（图2-6）。

①设置组长。按照国家和省大赛工作方案等相关要求，行业赛采取现场答辩、当场亮分的评审方式。按行业分为6组（互联网分2组进行），每组由相关领域专家3人组成，其中设专家组组长1名，负责把控本组评审进度等。

②项目评分。满分100分，评委从技术和产品、商业模式及实施方案、行业及市场、团队、财务分析5个方面对项目进行评审，取3名评委打分的算术平均分作为项目最终得分。原则上每位评委都要写项目评语，字数20字左右。

③汇总签字。记分员将评委打分录入《项目评审分数汇总表》，打印并经全体评委、公证员签字确认。

④晋级原则。3名评委评分的算术平均分作为参赛项目最终得分，按

图2-6 评选方式流程

最终得分进行排名,以排名顺序和专家意见作为获奖依据和晋级依据。

⑤成绩录入。分赛区管理员登录工作账号,根据《项目评审分数汇总表》成绩,将评审结果录入大赛评审系统。

2. 评审标准

(1)大赛评分项

河北省创新创业大赛评分项包括技术和产品、商业模式及实施方案、行业及市场、团队、财务分析5项。具体分值如下。

技术和产品:技术,是解决问题的方法及方法原理,是指人们利用现有事物形成的新事物,或是改变现有事物功能、性能的方法。技术应具备明确的使用范围和被其他人认识的形式和载体,如工艺、工具、设备、设施、标准、规范、计量方法等。大赛将根据企业的技术开发、技术改造、技术合作、技术转让等技术创新情况对其进行评价。产品,是指能够供给市场,被人们使用和消费,并能满足人们某种需求的物品、服务、组织、观念或它们的组合。[①] 大赛对企业产品评价包括产品市场占有率、研发新产品、产品适用性等方面。

商业模式及实施方案:是指一个企业满足消费者需求的系统,这个系统组织管理企业的各种资源(资金、原材料、人力资源、作业方式、销售方式、信息、品牌和知识产权、企业所处的环境、创新力),形成能够提供消费者无法自理而必须购买的产品和服务,因而具有别人不可复制、占据市场优势地位的特性。[②] 企业的商业模式既要适应行业新趋势,又能更好地为企业实现盈利服务,这也是大赛评价的重要内容。

行业及市场:是指参赛项目所在行业领域的市场前景,主要分析企业行业技术领域研发的产品市场占有情况,是否符合当前大众消费趋势、是否能够保持可持续的市场竞争力等,评审专家将会对企业的市场前景进行评价。

团队:是指企业或参赛团队在创新创业过程中投入的人员情况,即能够体

---

① https://baike.baidu.com/item/产品/105875?fr=aladdin.

② https://baike.baidu.com/item/商业模式/4851231?fr=aladdin.

现企业整体创新实力和水平的人员构成。例如，创业团队中人员学历构成、技术人员情况、获奖情况、管理者的能力等方面，是评审专家重点评价的内容。

财务分析：即企业财务活动包括资金的筹集、投放、耗费、回收、分配等，体现企业资金投入和产出情况，也是企业可持续运行能力的体现。

综合以上5项，评审专家依据参赛者所提交的项目的技术和产品水平、项目的可行性、技术领域的前沿性、产品市场可行性等方面，对其项目进行综合评价（表2-1）。

表 2-1　按照 5 项评分项分值分布

评价内容	分值（初创企业组）	分值（成长企业组）	分值（团队组）
技术和产品	25	25	25
商业模式及实施方案	20	20	25
行业及市场	20	20	20
团队	30	25	30
财务分析	5	10	无

（2）评分、评价说明

企业和团队的参赛项目总分100分，分两个级别：分数在85分以上为优，分数在70～84分为良（表2-2）。

评委评价意见及建议主要针对企业优势、劣势进行综合评价，也可提出改进建议。

表 2-2　2018 年第六届河北省创新创业大赛评分说明

级别	优良	分数
A	优	85～100 分
B	良	70～84 分

3. 评审形式

大赛评审形式包括选手汇报、专家打分、当场亮分、按分排名。

①行业赛采取现场答辩的评审模式，分行业、分组进行，评审现场全程摄像。

②每个项目现场答辩时间为15分钟，采用PPT、视频、实物展示等形式介绍项目8分钟，评委提问互动、打分7分钟。

③参赛选手按照抽签次序参加答辩。参赛队伍须在开赛前60分钟到达比赛现场并签到，赛前30分钟进行抽签确定参赛次序。不按时参赛的企业和团队视为自行放弃参赛资格，并取消原有比赛成绩。

④参赛选手讲解PPT、介绍实物、回答评委提问，参赛选手助理可协助展示实物、在提问环节进行补充。

⑤每个项目由3名评委进行评审，评委当场亮分，以全体评委的平均分作为最终得分。根据最终得分，分行业分组进行排名。

（三）奖励标准

1. 大赛奖励标准

河北省创新创业大赛奖励标准分为两步：一是行业赛企业一、二、三等奖评选。针对7个行业赛中参赛企业得分高低和分配比例，评选出行业赛的一、二、三等奖，一等奖给予3万元奖金，颁发奖杯、证书；二等奖给予1万元奖金，颁发奖杯、证书；三等奖颁发奖杯、证书；二是推荐行业赛获奖企业进入省决赛，对省决赛中前20名企业进行专项奖励，给予50万～100万奖金，并颁发奖杯、证书（表2-3）。

表2-3 2018年第六届河北省创新创业大赛总决赛奖励标准

决赛名次	决赛奖金额度	备注
总决赛冠军	专项奖励100万元	颁发奖杯、证书
总决赛亚军	专项奖励90万元	颁发奖杯、证书
总决赛季军	专项奖励80万元	颁发奖杯、证书

续表

决赛名次	决赛奖金额度	备注
总决赛4~6名	专项奖励70万元	颁发奖杯、证书
总决赛7~10名	专项奖励60万元	颁发奖杯、证书
总决赛11~20名	专项奖励50万元	颁发奖杯、证书
一等奖	奖金3万元	颁发奖杯、证书
二等奖	奖金1万元	颁发奖杯、证书
三等奖	无	颁发奖杯、证书

2. 军民融合行业赛奖励标准

军民融合行业赛旨在以市场为导向，搭建大中小企业融通发展平台，充分调动军民两种资源，推动企业和国防军工科研成果的融合转化，为加快形成全要素、多领域、高效益的军民融合深度发展做出有益探索。河北省军民融合行业赛对入围的6名企业和团队进行了不同额度的奖励（表2-4）。

表2-4　2018年第六届河北省创新创业大赛军民融合决赛奖励标准

决赛名次	决赛奖金额度	备注
冠军	奖金30万元	颁发奖杯、证书
亚军	奖金15万元	颁发奖杯、证书
季军	奖金6万元	颁发奖杯、证书
第4至第6名	奖金3万元	颁发奖杯、证书

3. 生物医药行业赛奖励标准

河北省第六届创新创业大赛生物医药行业赛是河北赛区首次在石家庄高新区单独举行的行业赛制，体现了河北省科学技术厅对石家庄高新区"双创"工作的充分肯定。高新区高度重视此次大赛，积极组织开展此项工作，共118家企业报名，35 家参赛队伍成功晋级复赛，其中石家庄高新区 22 家，占 62.9%。通过面对面答辩、现场亮分的评审方式，最终 8 家企业和创新团队脱颖而出，晋级决赛，并且获得不同额度的奖金及证书奖励（表 2-5）。

表 2-5　2018 年第六届河北省创新创业大赛生物医药决赛奖励标准

决赛名次	决赛奖金额度	备注
冠军	奖金 50 万元	颁发奖杯、证书
亚军	奖金 30 万元	颁发奖杯、证书
季军	奖金 20 万元	颁发奖杯、证书
第 4 至第 8 名	无	颁发奖杯、证书

4. 优秀组织单位和个人奖励标准

创新创业大赛通过大赛平台引导有创新创业精神的企业和团队踊跃参与并全身心地投入比赛中，这对创新活动具有重大推动作用。大赛的过程就是培养全社会的创新创业氛围、创新创业文化和创新创业生态最生动的、最直接的体现。为了鼓励各地市部门和管理者积极组织动员优秀企业和团队广泛参与到大赛中来，大赛组委会专门对地方组织机构和工作人员设立奖项，表彰奖励大赛中有突出表现的组织和个人。

参考文献

[1] 孙敬全，孙柳燕. 创新意识 [M]. 上海：上海科学技术出版社，2010.

[2] 陈清泰. 创新与产业升级 [M]. 北京：中信出版社，2018.

第三章 品牌塑造

　　一般而言，品牌是指消费者对商品及其系列产品的认知、认可程度，伴随着人们对品牌的理解和发展，品牌概念也扩展到了很多商品以外的领域。在当今社会，品牌已经成为引导消费、提升社会价值和影响力的重要载体之一。中国创新创业大赛作为一种具有经济性、社会性、政治性的创新创业活动，只有在赛事的全过程中对品牌精心设计、细心塑造，才能不断提升其品牌的社会价值和影响力，才能响应国家大众创业、万众创新的理念，创造更多的经济和社会价值。创新创业品牌的塑造，并非是模式和理念的固化，而是对新理念、新模式的追求和创新。

一、大赛品牌的内涵与特征

（一）品牌的内涵

1. 品牌的一般概念

　　品牌（brand）这个词语源自古斯堪的纳维亚语"brandr"一词，最初是为区分所有权而为某物品打上的烙印。[1] 在一般意义下，现多将品牌看作是商品的一种识别标志、品质象征和价值理念的体现，是一种无形资产，[2] 是商品的溢出价值，人们对品牌的消费大多是对品牌溢出价值的追求。

---

[1] 凯文·莱恩·凯勒. 2009 战略品牌管理[M]. 卢泰宏，吴水龙，译. 北京：中国人民大学出版社，2009.

[2] 王新业. 产品 IP 化：从"新"定义营销的身份[J]. 销售与市场（管理版），2018（2）:19–21.

菲利普·科特勒从市场营销的角度这样对品牌进行解释：品牌是一种名称、术语、标记、符号或图案，或是它们的相互组合，用于识别某个消费者或者某群消费者的产品或者服务，并使之与竞争对手的产品和服务相区别。[1] 品牌表现为向客户连续提供的一组特定的产品特征、利益与服务的组合。

2. 品牌概念的演变

品牌概念的形成是社会和市场长期演变的结果，并且这个演变和发展的过程是持续的。现代品牌概念的由来大致经历了3个阶段：第1个阶段，将品牌作为所有权的标志，主要用于对商品显性层面的区分和识别；第2个阶段，把品牌作为功能和品质等属性的象征，主要指其所指代系列产品的品质、功能等特定使用属性和功能性利益；第3个阶段，品牌作为文化和个性的表达符号，突出体现商品隐性层面的深刻内涵[2] 和消费者的深层次个性化需求紧密联系（表3–1）。

表 3–1　品牌概念的演变及发展

发展阶段	驱动发展因素	主要阶段特性	演变的结果
所属权划分阶段	为区分不同商家之间的商品，商家开始在商品上印上各种标志	品牌主要是对同类商品的一种区分标志	商品的各种特性逐渐被凸显，部分商家被淘汰
属性象征阶段	人们在对比不同产品的过程中，对商品功能和品质产生了标签印象	品牌是品质和功能的体现，品牌也是一种宣传方式	为了满足消费者需求，商家开始改进技术提升服务，品牌效益得以实现
个性化表达阶段	市场由卖方向买方转变，为满足消费者需求，商家开始针对消费者需求对商品进行改变	品牌是商品个性化的表现；商品与消费者的深层次需求联结	消费者的多元化和个性化需求得到满足，商品的使用属性也得到发展

通过对品牌演变过程的研究发现，品牌具有符号、个性、关系、价值等多维属性，需要从多角度去理解。符号是一个品牌应有的基本内涵，是内在属性的外在标记；个性是品牌差异化的表现，其将不同的商品区分开来；品牌关

---

[1] 李华. 通过品牌战略改善我国企业信用状况 [J]. 商业现代化，2008（27）：384-385.
[2] 黄敏. 品牌构成要素研究 [D]. 广州：广东工业大学，2016.

系是受众群体需求和产品功能实现的重要表现；品牌价值实现的基础是品牌关系，[1] 品牌关系的提升能够提升品牌的价值。品牌在纵向发展的过程中，也进行着纵向的演变，从商品领域拓展到了其他领域，在不同领域、不同行业中关于品牌的内涵也会根据领域或行业的特性而产生一定的独特气质。

3. 大赛品牌的内涵

结合创新创业大赛的宗旨和性质，我们不妨将大赛品牌定义为一系列能够代表大赛宗旨和原则的个性符号、关系、价值和属性，是大赛功能属性和社会关系的总和。

2018年中国创新创业大赛以"科技创新，成就大业"为主题，以促进大众创业、万众创新为目的。大赛的品牌个性符号就是其LOGO、赛事名称、赛事活动及宗旨；品牌关系指的是大赛组织方和参赛方以及参赛方和参赛方之间的互动关系，这种互动关系就组织方和参赛方而言是一种公益性服务关系，就参赛企业之间来说就表现为一种博弈关系；其品牌价值是指为创业者提供的建立在品牌关系上的溢出性获得；品牌属性主要指建立在大赛的评选功能、服务功能之上而实现的社会属性、经济属性、政治属性。

就河北省创新创业大赛而言，本身是中国创新创业大赛的一部分，是中国创新创业大赛的子品牌，也是落实河北省委省政府关于加快发展科技型中小企业的决策部署，是推进大众创业、万众创新的重要抓手。除了中国创新创业大赛品牌外，还有其他一些大赛品牌的存在，如"中国创翼""创客中国"等大赛品牌。

（二）品牌的特征

1. 品牌特征

品牌特征就是品牌的特点、气质，是品牌深层次内涵的表现。产品的制造者为让产品成为品牌，需要让自己的产品具有个性表现差异，同时培育品牌关系、

---

[1] 刘建堤. 品牌定义与品牌资产理论研究文献综述[J]. 经济研究导刊, 2012 (31): 195-199.

创造品牌价值，而品牌的个性和差异就是品牌的直接特征，品牌关系和品牌价值也通过品牌个性表现出品牌的特质。

从广义上讲，品牌特征是词汇、形象、理念和相关事物组成的集合，它通过消费者对品牌的感知而实现，包括品牌的内在特性和外在衍生特征。品牌特征就如同品牌的指纹一样，每一个品牌拥有自己独特的指纹，这些特征是消费者个性化的需求体现，也是品牌共性的一种延伸。

就狭义而言，品牌特征是品牌自身内涵的体现，其是对品牌内在特质的总结，是产品的基因。这些特征是商品功能和特性的体现，通过这些特征客户群体可以更好地感受品牌的价值，客户对产品的黏性也因此而产生。品牌的特征既表现品牌个性又体现品牌的价值，品牌的价值又表现为受众群体和产品之间的这种满足关系，这也是吸引消费者的重要方式。

品牌特性的塑造和发展，是建立在品牌特征基础上的对消费群体的个性需求的满足。一个成功的品牌拥有鲜明的品牌特征和品牌形象，通过对消费者深层次需求的链接，它能够在消费者心目中塑造良好的口碑。因此，塑造形象的角度不同，品牌的特征表现也会因视角的不同而出现不同的变化。我们从品牌载体、品牌营销、品牌消费的角度对品牌特征的总结如表3-2所示。

2. 大赛品牌的特征

大赛品牌是指在创新创业领域资本、技术、人才等要素相结合而形成的无形资产，知名度与其办赛理念、办赛规模、办赛质量密切相关。大赛品牌的个性化、指向性、区域性、持续性等特点直接决定了大赛的吸引力、创造力和竞争力。

（1）个性化

个性化主要是指创新创业大赛所体现的宗旨和原则及外在符号化的表现是独特的，是对同种类品牌之间的区分。品牌的个性化是为打造更具客户吸引力、知名度及行业影响力的终端形象而出现，大赛品牌的个性化特征是创新创业大赛天然基因的体现，同时也包含着对这种基因的后天发展和演变。

中国创新创业大赛是由科技部、财政部、教育部和全国工商联等部门共同指导，多部门协同举办的国内规格最高的创新创业赛事，大赛秉承"政府主导、

创新创业大赛
品牌 平台 机制

表 3-2 品牌的特征分类

分类的标准	主要分类	主要表征
品牌载体角度	物质特征	通过对产品本身的物质特性在感触觉等方面的个性化认知来体现本品牌的特征
	意识形态特征	通过广告、服务及产品使用过程中的感受来体现本品牌的特质
品牌营销视角	后产品性	品牌因产品而生，却又不等同于产品，品牌具有后产品性
	超竞争性	品牌是产品冲破品类共性的个性竞争工具，具有超竞争性
	高溢价性	溢价能力指其价值可能远超过产品物理技能或者有限行为
	优质弹性	价格上升较少转向其他品牌，而价格下降时更多地转向该品牌
品牌消费角度	知名度	所谓的品牌是被市场所广泛认可的产品和事物的符号
	美誉度	产品在客户体验上得到了客户群体的广泛认同
	忠诚度	围绕产品形成了一批具有黏性的客户群体，不断参与和消费
	人格化	品牌的本质在于将产品人格化、人性化，将物赋予人的特性
	链动力	能够围绕产品形成系列的衍生子产品和子品牌

注：本表参考余立锋的《论产品的品牌特征与产品形态特征的一致性》、王延峰等的《基于品牌营销视角的品牌定义和品牌特征再认识》、高伟的《关于强势品牌特征与培育对策的思考》等观点制成。

公益支持、市场机制"的办赛理念，采用"以赛代评"的评审机制，同时大赛邀请投资机构、创业基金等资本机构参加以推动科技和金融结合，这些特点塑造着创新创业大赛品牌与其他品牌之间的差异，体现了创新创业大赛品牌个性。

（2）指向性

从品牌个性的基础来看，品牌的指向性是建立在天生的、自然的基础上，其背后指向某一个行业、部门或人，为了推广某类产品而实施的策略和手段。创新创业大赛的指向性就体现在大赛品牌是根据中国创新创业的发展趋势，在政府部门的顶层设计和精心谋划下，引导企业、团队进行创新创业赛事活动，直指大赛的宗旨。

创新创业大赛主旨为推动中小型企业创新创业发展。创新创业是其指向的目的，中小企业是其指向的群体，中小企业所在的产业是其指向的行业。创新创业大赛为参赛企业和创新团队提供了一个信息共享平台，使得企业和创业团队与政府部门、投资企业、中介服务进行良性互动。以第六届河北省创新创业大赛为例，本次大赛全省共有3245个项目报名参赛，项目涉及脱贫攻坚、新材料、新能源、信息技术、生物技术、环保、现代服务业等领域，指向的行业明确，企业和创新团队特征明确。

（3）区域性

创新创业大赛的区域性主要是指在赛事规程内的地方赛事具有明显的本土特色，体现其区域性经济和社会的发展特点，包含地理地貌特征、经济发展水平、行业发展状况、人才结构和层次、政策和法规支持等分解因素。中国创新创业大赛的区域性特点是因赛制规则而产生，是与区域经济发展水平紧密相连的。

中国创新创业大赛第1阶段主要按省、自治区、直辖市和计划单列市进行地方赛，每个地区则依据其特点举办各具特色的赛事。就报名人数而言，2018年报名数居全国首位的是上海赛区，有5841家；河北赛区报名3606个，居全国第8位；海南赛区报名428个，排全国第18位，在报名人数上各地区存在一定的地域差异。就以赛制而言，2018年河北省创新创业大赛的奖项设置选取一、二、三等奖共计323名，而河南省则遴选一、二、三等奖各10名和优秀奖79名，这在赛制规则上呈现了地域的差异。2018年，河北省创新创业大赛还提出了"新时代、新动能、新希望、新征程"的主题口号，凸显了河北赛区的地方特色。

（4）持续性

从品牌的生命周期来看，任何品牌都有其存在和发展的周期，创新创业大赛也不例外。创新创业大赛品牌的塑造是为了宣传理念、彰显赛事魅力、扩大赛事知名度和行业威望，从而获得社会的广泛支持和认可，增强赛事的生命力和活力，继而促进赛事的持续开展，进而为实施创新驱动发展战略营造良好的社会氛围。赛事的持续开展并不仅仅是名称上的相同，也是这系列品牌宗旨和精神的继承与创新发展。

自从李克强总理2014年提出大众创业、万众创新以来，创新创业大赛得到了国家有关部门和高校的广泛重视，企业报名数量逐年增加，2014年河北省创新创业大赛报名企业和团队仅有679家，而到2018年时已经增长到了3606家，平均增长超过50%。中国创新创业大赛秉承统一、开放、共享、创新、公益的办赛理念，持续开办七届，共计吸引15万多家企业和团队报名参赛，赛事持续性较强。创新创业大赛品牌效应也预示着大赛影响力越来越大，对社会的影响范围越来越广泛。

（三）品牌塑造的意义

1. 推动赛事可持续发展

创新创业大赛品牌的塑造是对赛事宗旨和原则的提取和建构，通过对品牌的塑造可以多方位、综合性保证赛事持续健康的发展。品牌塑造能够凝聚资源，提升品牌联动力，让众多的创业企业和团队在品牌关系中能够汲取营养和获取资源，这种汲取是可持续的。对于大赛来说，品牌塑造是对创新创业理念的继承，是赛事持续发展的表现。从大赛开始到目前的规模扩大、水平提升已经产生了持续效应。

2. 实现社会效益和经济效益的统一

创新创业大赛是针对创业团队而开展的具有社会性、经济性和政治性的创新创业活动。创新创业大赛已经开办了七届，报名企业逐年增加，2018年全国成长企业组和初创企业组报名数合计达31 136家，较上届增长10.6%，对社会的影响力也逐年提高。大赛促进了金融和科技的深度融合，推动了大企业和中小企业对接，促进了一批创新成果转化，产生了良好的经济效益。赛事品牌的塑造促进了赛事活动社会效益和经济效益的统一。

3. 推动创新创业生态链的建设

创新创业是大赛的永恒主题，品牌建设就是打造科技产业发展的"创新链、创业链"的重要环节，拉动、提升产业生态圈建设和升级。而对于创新创业链的打造可以从以下"两个能力"展开：一是不断提升的创新创业大赛"服务能力"。

大赛平台为参赛企业提供辅导培训、金融投资、技术转移、展览展示、市场对接等各类服务，甚至还能为参赛企业提供政策支持和服务，这能为中小型科技企业快速成长铺平道路，是企业发展的外部推动因素。二是不断扩展的创新创业大赛"共享能力"。创新创业大赛聚集了人才、技术、资本、市场等各种创新创业要素，在大赛平台上企业可以信息共享、技术交流，为企业发展提供内生动力。

4. 促进"双创"文化氛围浓厚

创新创业大赛经过多届赛事活动，在社会上已经得到了较高的认可度，也吸引了大量创新创业企业和团队的参加，创新创业的精神得到了弘扬，创新创业的文化得到了发展。品牌塑造推动创新创业文化的发展主要表现在两个方面：一是赛事品牌的塑造就是对创新创业精神的凝练和发展，这有助于社会整体的创新创业文化的进步；二是创新创业品牌的塑造，必然伴随着一批优秀科技成果的转移转化，这也是对创新创业实践的推动。这种创新创业实践和精神的发展，能够推动"双创"文化进一步落地生根。

二、大赛品牌的构成要素

品牌是各种产品属性和形象的统一体，品牌也并不是一个简单的符号，而是一系列构成要素的集合体。关于品牌构成要素的研究从不同的角度出发会有不同的结果，但无论哪种角度都是对于品牌内涵的解构，具体情况如表3-3所示。

表 3-3　品牌的构成要素

分类标准	主要类别	指标分解
显隐性角度	可见因素	品牌标识、品牌名称、广告语等
	不可见因素	品牌文化、品牌定位等
内外部角度	外部因素	品牌名称、标识、广告语、广告曲、包装等
	内部因素	特性、利益、感情回报、价值观、个性品质

续表

分类标准	主要类别	指标分解
综合层次角度	基础要素	产品自身、产品形象、产品延伸
	核心要素	品牌发展、品牌功效、品牌行为、市场指标
	延伸要素	横向延伸、纵向延伸、社会延伸、定位延伸
	个性要素	文化特征、企业机制、品牌决策、支持能力

注：本表观点参考了陈志和、马爱霞的《品牌构成要素研究综述》、田云彦等的《品牌要素构成理论综述》、汪秀英的《论企业品牌要素的多元组合与运行机制》等的观点制成。

品牌要素构成了品牌运行的价值链。就创新创业大赛而言，大赛品牌的基础、品牌的载体、品牌的精神、品牌的表象共同构成了大赛品牌的价值链条，这是从内外构成、物质和精神两个层面4个角度对大赛构成进行的解读，既包含赛事物质层面也包含赛事的精神层面（图3-1）。

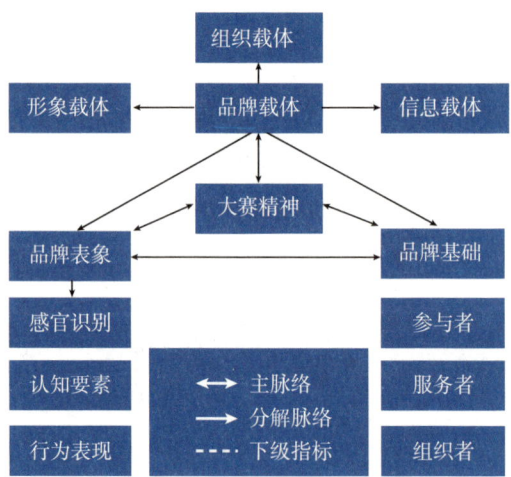

图3-1 大赛品牌构成要素

（一）品牌基础

品牌基础要素是企业品牌生成的基石，基础要素的内容表现为大赛本身具备的资源和条件。创新创业大赛基础要素则表现为大赛的组织者、服务者、参与者，三者相互作用、相互联系。

1.大赛组织者

大赛的组织者可以分为两个层面：国家层面的组织者和地方层面的组织者。国家层面的组织结构包括主办单位、支持单位、承办单位、协办单位、特别支持等，大赛通常都是由科技部、财政部、教育部、全国工商联等单位联合指导，多单位协同共同办赛，并且由指导单位、支持单位、承办单位共同组成大赛组委会，详细的组织构成每届会有细微变化，具体的组成单位可以参见表3-4中第五、第六、第七届中国创新创业大赛组织单位。

表3-4　第五、第六、第七届中国创新创业大赛组织单位

构成	第五届	第六届	第七届
指导单位	科技部、财政部、教育部、全国工商联	科技部、财政部、教育部、国家网信办、全国工商联	科技部、财政部、教育部、国家网信办、全国工商联
支持单位	共青团中央、致公党中央、国家外国专家局、招商银行	共青团中央、致公党中央、国家外国专家局、招商银行	共青团中央、致公党中央、招商银行
承办单位	科技部火炬高技术产业开发中心、科技部科技型中小企业技术创新基金管理中心、科技日报社、陕西省现代科技创业基金会、北京国科中小企业科技创新发展基金会	科技部火炬高技术产业开发中心、科技部科技型中小企业技术创新基金管理中心、科技日报社、陕西省现代科技创业基金会、北京国科中小企业科技创新发展基金会	科技部火炬高技术产业开发中心、科技部科技型中小企业技术创新基金管理中心、科技日报社、中国互联网投资基金、陕西省现代科技创业基金会、北京国科中小企业科技创新发展基金会

续表

构成	第五届	第六届	第七届
协办单位	各省、自治区、直辖市及计划单列市科技厅（委、局），新疆生产建设兵团科技局、各国家高新技术产业开发区、深圳证券交易所、全国中小企业股份转让系统有限责任公司、合生创展集团有限公司	各省、自治区、直辖市及计划单列市科技厅（委、局），新疆生产建设兵团科技局，各国家高新技术产业开发区管委会、深圳证券交易所、全国中小企业股份转让系统有限责任公司	各省、自治区、直辖市及计划单列市科技厅（委、局），新疆生产建设兵团科技局，各国家高新技术产业开发区管委会、深圳证券交易所、全国中小企业股份转让系统有限责任公司
特别支持	招商银行创新创业公益基金、平安证券·普惠众筹创新创业公益基金	招商银行创新创业公益基金、合生创展集团有限公司、平安证券·普惠众筹创新创业公益基金	招商银行创新创业公益基金、上海三盛宏业投资（集团）有限责任公司

注：本表参考第五、第六、第七届中国创新创业大赛组织方案制成。

地方赛事的组织结构和全国赛事的组织结构一脉相承、基本类似，也是由科技管理部门牵头组成组委会。以第六届河北省创新创业大赛为例，大赛由省科技厅主办，省财政厅、省教育厅、省网信办、省工商联等支持，由省科技型中小企业技术创新资金管理中心承办，省协同创新中心、石家庄金志文化传播有限公司等协办，再由主办单位、支持单位共同组成组委会，组委会下设办公室，设在河北省科技型中小企业技术创新资金管理中心。

大赛的组织单位及其组成的组委会是大赛的组织者，通常都是由科技管理部门牵头，各单位协同组织赛事的开展。它们是制定大赛规则、策划赛事赛程、执行各项细节工作，是大赛品牌的重要的基础要素，为大赛的开展提供资金、技术、人力、政策等方面的支持。

2. 大赛服务者

大赛的服务主要是提供技术和资金等中小企业紧缺的资源支持。服务的提供者主要是服务中介机构，包含一些关于创新创业的科技服务公司、基金会、投资机构等，如第七届中国创新创业大赛的创动力、健康智谷、创业基金会等可为大赛参赛机构提供培训辅导、项目实战路演、大企业对接等服务。投资机构中如天亿投资集团有限公司、芳晟股权投资基金等机构会择优挑选大赛参赛企业，为其提供创业资金支持，帮助其创新创业和发展。

3. 大赛参与者

创新创业大赛的参与者是赛事活动的直接和主要受益人，通过参与赛事能够加速自身科技研发的能力提升和成果转化。

创新创业大赛的参与者有高新技术的初创企业、高成长性的成长企业、拥有不同技术和经历的创业团队，通过大赛可以促进创新型企业发展，促进产业转型升级的经济增长动能的转换。

（二）品牌载体

创新创业大赛品牌形象需要有载体来承载。品牌是产品属性和外在关系共同构成的一个复杂系统，品牌形象也需要不同的方面来承载，语言系统、形象系统、行动系统缺一不可。

1. 大赛的信息载体

大赛的信息载体就像人体的语言系统一样，帮助大赛发声，将最新的赛事新闻和政策支持传播给参赛者。

（1）大赛信息平台

创新创业大赛借助于官方网站发布比赛信息，大赛方案、赛程信息、参赛结果、赛程视频、报名入口、支持政策等信息都可以通过官方网站获得。全国性的信息平台有中国创新创业大赛官网，各地区赛事会有各地区的官网，如河北省创新创业大赛官网。除此之外，还会设置大赛专题网站发布赛事信息，如第六届河北省创新创业大赛专题网站。

官方网站除了具有信息发布的作用之外，还是第三方机构获取信息的平台，投资企业可以通过创新创业大赛的官网，获取创新创业企业的信息，了解优质项目，从而建立（架起）金融和科技互动的桥梁。

（2）大赛宣传媒体

品牌的实质是一种无形资产，打造品牌形象可以将大赛精神深入人心，提高产品的品牌价值。为了最优化增加品牌资产，品牌所有者则必须通过各种传播手段与目标受众群体进行交流，在这过程中媒体则发挥着至关重要的作用。

大赛中利用电视、报纸、杂志、网络等媒体，如科技日报、经济日报、中国新闻网等对赛事进行报道，传播赛事消息，对参赛企业广泛宣传。[①] 又如河北电视台新闻联播、晚间新闻对第六届河北创新创业大赛的新闻报道，以及长城网、省科技厅官方网站的相关报道等。这些媒体构成了创新创业大赛品牌传播的载体，将赛事实况和赛事文化传送到社会各界，激发了全社会的创新创业激情。

2. 大赛形象载体

大赛的形象载体就像人的形象系统，社会各界通过对大赛形象系统——大赛的"人事物"，产生对赛事的评价和印象。对于创新创业大赛形象的载体主要从关于大赛的人、事、物来阐释。

第一，大赛品牌形象载体的"人"指赛事组织过程中涉及的人员，包括大赛的组织人员、赛事的参与人员、第三方专业服务的提供人员，赛事品牌形象会通过这些人员的言行去体现。大赛的组织人员在赛事过程中服务意识是否够强、评审是否公正、尽职调查是否全面，这代表着品牌形象的前端；大赛参与企业和团队是否守法经营、资格审查是否有所隐瞒、知识产权是否存在纠纷，这些方面代表的是大赛的中端形象；第三方的服务人员代表的是大赛品牌的后端形象，他们所提供的服务是否专业、是否具有时效性都对创新创业大赛品牌产生着影响。

第二，代表大赛形象的"事"主要指的是大赛组织过程中的典型案例、优秀项目。就如河北省第六届创新创业大赛一等奖获得者廊坊市智恒机器人科技有限公司，在成功晋级第七届中国创新创业大赛先进制造行业总决赛后，其兴国系列机器人目

---

① 吴云珊.国内高校信息搜索大赛的品牌化运作[J].高校图书馆工作，2018（3）：67-70.

前除与军方合作外,又收到了气体泄漏、危化品爆炸、火场等极端高危情况下代替人进行现场检测、采样分析的订单需求,为企业发展增添了动力。该案例生动形象地展现了创新创业大赛的品牌魅力和作用。创新创业大赛品牌的塑造,能够从提升品牌效应和服务质量等各方面来推动企业创新发展。

第三,关于大赛形象载体的"物"主要说的是创新创业大赛的标识、相关的实务手册、会场布置等实物。这些实物是大赛品牌的周边,却也是品牌质量和品牌服务的重要体现,表现为通过精致的外观给人以更好的品牌记忆,这样的品牌记忆关系着品牌的声誉和形象,是品牌的形象载体。

3. 大赛的组织载体

大赛的组织载体就像人的行动系统,贯彻和执行大赛的精神和指令,是大赛行动能力的具体展现,以组织形式承载着大赛的举办,包含了大赛的组委会构成单位和组委会办公室。

大赛的组织载体指的是大赛的组委会,一般来说国家级的创新创业大赛的组委会由指导单位、支持单位、承办单位共同组成。创新创业大赛还在组委会下设办公室,负责大赛各项工作的具体执行。各省级赛区也成立组委会和办公室负责具体的赛事执行。

大赛组委会及其下设办公室是大赛的主要组织团队和执行团队,它们是大赛品牌的重要组织载体。从广义的角度来说,大赛的指导单位、支持单位、承办单位都是大赛的组织载体,大赛的各项精神通过这些单位和部门来传播。

(三)大赛精神

大赛精神是品牌的核心和灵魂,是大赛持续发展的根本所在。而大赛的精神也是大赛品牌要素构成的核心,大赛的品牌基础、品牌载体、品牌表象都围绕大赛精神行动。

1. 大赛精神的内涵

大赛精神即创新创业大赛的宗旨和原则的体现,是创新创业大赛文化的集中表现,是对一系列创新创业行动、赛事精神的总结。创新创业大赛采用"政

府引导、公益支持、市场运作"的模式，旨在进一步提高我国创新创业水平，紧密加强科技和金融的结合，大力弘扬创新创业文化，营造良好的创新创业氛围。创新创业就是大赛精神的核心，各省市到全国的赛事和赛程，围绕的就是创新创业，最终目的也是希望通过创新创业来推动社会和经济的发展。

2. 大赛精神的特征

首先，创新创业大赛的精神是一系列创新创业活动和赛事活动的精神总结，创新创业性是其主要和核心特征；其次，大赛精神需要赛事章程等规范来维系，也需要组织者和参与者共同践行和发展，规则性是其又一重要的特征；再次，大赛的精神也并不是一成不变的，会随着时代发展和行业变化有不同的创新表现，成长性是大赛精神饱满有活力的保障；最后，大赛精神在品牌塑造中也有很重要的地位，大赛精神是赛事的旗帜，大赛需要靠这面旗帜传播大众创业、万众创新的理念，因此，传播性是其不可忽略的特性。

（四）品牌表象

品牌的一般表象包含感官识别、认知要素、行为表现3个方面。感官识别包括名称、标识、包装、符号、图案、音乐等；认知要素包括产品的功能、性能、外形、质量、价格、特色等；行为表现包括品牌单位的办事效率、业务能力、承诺兑现率等。就创新创业大赛的表象来看，它主要包括以下主要内容。

1. 感官表象

大赛的感官表象包含大赛的主名称和副名称、大赛的标识、大赛的宣传标语等。这些表象要素可以通过感官被了解，并直接影响着人们对大赛的主观印象。

创新创业大赛品牌标识——中国创新创业大赛LOGO（图3-2），LOGO的设计是大赛灵魂的塑造，是对大赛的形象、特点、功能、理念的体现。标识由绿色图

图3-2 中国创新创业大赛LOGO

形部分和大赛名称的文字部分组成。

地方赛事基本沿用全国赛事的名称和LOGO，只是会在具体的细节上体现地方特色。就河北省创新创业大赛的标识和名称而言，采用中国创新创业大赛LOGO的主体图形，在名称上则加入了区域特色。例如，第七届中国创新创业大赛（河北赛区）暨河北省第六届创新创业大赛，这个名称中既包含全国赛事名称的基因又包含了地方赛事的副名称。

2. 认知表象

大赛的认知表象包含大赛的功能、赛事质量、赛事形式、赛事规则等。这些因素直接从公众的认知系统影响大赛的品牌形象，最直接的表现就是这些因素影响着公众对大赛的认知和认可程度。

创新创业大赛包括了地方赛、行业赛、国家总决赛。赛事的功能和质量及赛事的规则都不尽相同。例如，河北省第六届创新创业大赛涉及电子信息、互联网、生物医药、先进制造、新材料、新能源及节能环保、军民融合等行业，行业发展情况和参赛企业的构成结构也会和其他省市存在差别，这也是认知表象其中一个方面。

3. 行为表象

大赛的行为表象主要是指赛事组织者和参与者的行为表现，即赛事组织是否公开透明、赛事服务是否到位、参赛者是否存在故意隐瞒造假等行为。行为指的是人的行为，关于赛事一切人的行为都可以记为赛事品牌的行为表象，这与代言人原理是一样的，代言人的一言一行直接影响着人们对品牌的认知和认可程度。

三、大赛品牌的塑造与利用

（一）品牌塑造

1. 品牌塑造的内涵

所谓品牌塑造，就是为推动企业发展，运用现代管理理论发展和培育品牌，

品牌 平台 机制

是品牌形象打造、品牌管理、品牌维护等诸多过程的统一。品牌塑造有利于企业获得更多的市场机会。而对于创新创业大赛品牌的塑造来讲，能够提高品牌的形象和认知度，扩大大赛的影响力，进而推动创新创业大赛更好地为参赛者和社会服务。

大赛品牌的塑造也需要遵循品牌发展的规律，这是对品牌塑造的研究和探索的结论。通过对耐克、茶颜悦色、加多宝、凡客诚品等品牌的发展过程进行总结，发现品牌定位、推广传播、品牌创新等是品牌塑造过程中普遍被认可的策略，这对创新创业大赛的品牌塑造有借鉴意义（图3-3）。

2. 大赛品牌的塑造路径

品牌塑造是一项复杂而又综合的系统性全过程的工程，仅靠在思想上树立品牌意识和在目标上规划品牌定位是远远不够的，匠心打造品牌品质是品牌塑造的主要环节，要把品牌品质的塑造和生产、服务的全过程结合起来，做到知行合一。品牌塑造是一个持续和创新的过程，是价值发展和维护的过程，是公众认知和认可的过程。

为了更好地实现大赛品牌的科学塑造，创新创业大赛要在赛事策划和组织行动两个层面对大赛品牌进行塑造和维护。

（1）赛事策划

就赛事策划而言，主要从赛事的品质和发展角度出发，在理念、评审、政

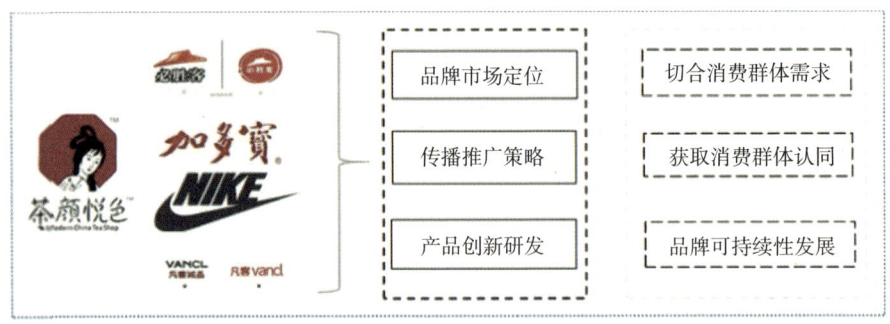

图3-3 品牌塑造的一般策略

策和规划几个方面进行品牌塑造，具体如下。

"赛事文化"是指对于赛事品牌要提炼大赛理念和精神。大赛秉承"政府引导、公益支持、市场机制"的模式，引导、集聚政府和市场资源支持创新创业，激发全社会创新创业热情，这是赛事文化的一部分。文化的力量在于能够在人们认识世界、改造世界的过程中创造力量、维护轨迹，想要获取大赛文化的力量，需要在赛事过程中不断提炼和完善大赛文化的核心、大赛的精神和理念，这种提炼和完善是创新，是同时代前沿的接轨。对于大赛文化的塑造，可以将精神的提炼和大赛周边的塑造结合，打造大赛的文化集合。

"赛事品质"指的是大赛所组织的赛事在赛制和评审上应该是科学的、公正的、合理的。维护好大赛的赛制和评审，就是对创新创业大赛品牌质量的维护，也是大赛发展和存续的根本。赛制品质关系到了大赛品牌的质量，是品牌塑造的核心和基础，其重要性不言而喻。赛事的品质需要在大赛的准入机制、尽职调查机制、评审机制、后续服务机制上精心设计和完善。

"赛事支持"指的是政策和资源等对赛事的支持。创新创业大赛具有社会性、经济性和政治性，其中大赛的政治性主要体现在对政策的贯彻和执行，但是每项政策要真正落实还需要更多的体系政策的支持，创新创业大赛也是如此。要建立起系统性大赛与政策支持的良性互动系统，将贯彻政策和政策支持结合起来。赛事的举办和参赛企业也是重要大赛的重要支持对象，赛事支持是要对资源的优化配置，这种配置需要是最优的，既能保证支持到位，也不浪费资源。

"赛事未来"指的是大赛的发展路径和未来模式需要精心策划。任何事物的发展离不开精心设计，就如国家经济发展一样，定期制定发展的五年规划，现今已经制定到了第十三个五年规划。大赛的发展也需要精心的顶层设计，制定大赛的发展规划，为未来规划道路，赛事定位、赛事的可持续模式、多元化的评审制度这些都需要精心策划。

（2）赛事执行

赛事品牌塑造是知行合一的过程，理念固然重要，但没有良好的执行是无法达成预期效果，要从组织力、参与力和宣传力几个行动策划的角度塑造大赛的品牌。

"组织力"指对赛事精心谋划和组织。大赛的开展需要多方面、多层次的组织机构互动联合。以河北省第六届创新创业大赛举例来说：需要在河北省委省政府领导下，省科技厅精心谋划，加强顶层设计；各级各部门联动，筹划组织赛事；社会组织和团体积极参与，提供中介服务和资源支持，形成"一中心三支点"的组织构架，来推动大赛开展和品牌塑造。

"参与力"指社会各界广泛参与和动员。创新和创业并不是只要有政府的倡导就可以的，需要多方力量共同发挥作用。参赛企业、服务提供商，他们都是参与力量的主要组成，对于这些力量的动员不仅仅是数量上的，而且还是质量上的。而参与力的主要表现是组织方和参与方的行动结合，是一个交互作用的结果。

"宣传力"是指有策略的传播和推广。互联网时代也催生了许多新的宣传方式和模式，大赛的宣传也需要策略和创新。首先，要对目标群体有研究，找出他们经常接触的热点媒体和信息，利用其偏好媒体宣传报道赛事，如河北新闻联播、长城网等；其次，在创新创业大赛的官网，实时更新赛事信息，包括全程的赛事视频、比赛培训知识、各类服务信息等；最后，根据赛事需求制作大赛宣传片，借助电视、互联网等信息平台进行放映。[①]

（二）品牌的利用与扩展

1. 组织方对大赛品牌利用与扩展

大赛的组织方主要是指创新创业大赛的组织部门，包括科技部、财政部、教育部等。这些部门对于大赛品牌的利用和拓展，主要体现在以下几个方面：首先，组织方通过对品牌的塑造吸引更多的资本机构、创业组织及协会深度参与，能够为参赛企业和团队争取到更多的专业资源，甚至是政策方面的倾斜；其次，相关组织部门通过对品牌的建设可以吸引更多

---

① 柴红年. 赛事品牌构建理论与实证研究[D]. 上海：上海体育学院，2007.

的优秀企业和项目参与进来，能够将赛事服务和资源优化配置，将资源分配给急需的创新创业企业和团队；再次，项目和服务质量的提高推动了赛事整体质量的提升，组织方也可以拓展更多的子品牌和子项目；最后，大赛品牌的塑造是组织方对大赛成果的凝聚，是组织方继续组织赛事的动力源泉。

创新创业的组织方对于大赛品牌利用和扩展的最终落脚点还是在推动全社会创新创业的深入上。要实现对大赛品牌的利用和扩展，还是要做好对于品牌的维系和塑造，在塑造品牌中实现品牌发展，在品牌的发展中塑造品牌，才能实现大赛品牌发展的良性循环。

2. 参与方对大赛品牌的利用与扩展

创新创业大赛的主要参与方是参赛企业、团体及个人。他们对于品牌的利用和扩展体现在：一是通过大赛的评审，能够对企业和项目进行检验与督导，优质项目能够获得较好的名次；二是大赛采用以赛代评的方式，这就为企业和项目提供了展示平台，创新创业大赛也能变成企业的宣传和推广；三是通过大赛获取资源和服务，资金和企划都是创业型企业发展的紧缺资源，部分参赛企业还能获得一些政策支持；四是创新创业大赛品牌能够为企业和项目带来品牌标签效应，形成品牌背书，对初创品牌能够起到品牌加持效应。

创新创业大赛项目的参与方，对大赛品牌的利用体现在对自身发展上，参赛的团队或者项目在获得奖励荣誉、政策和资源方面的支撑，使得项目得到发展，甚至获得同行业的认同。

3. 中介服务机构对于大赛品牌的利用与推广

中介服务机构主要包括为创新创业企业和团队提供科技服务的公司、创业基金、投资机构、咨询辅导机构等。他们对于大赛品牌的利用主要体现在：一方面，大赛品牌是沟通中介机构和企业的桥梁，大赛所具有的甄别机制会对入围企业进行尽职调查，能够帮助中介服务机构降低信息搜索成本和沟通成本，为精准对接提供重要基础；另一方面，创新创业大赛能帮助中介服务机构甄选优质项目，进而进行精准对接，这是中介服务机构企业价值体现的重要途径，这也是由大

赛"以赛代评"赛制模式所决定的。

服务中介在大赛中提供培训辅导、融资路演、展览展示、大企业对接等服务，通过大赛平台可以得知大型企业的需求，建立起中小型企业与大型企业间的桥梁，从而减少信息不对称引发的弊端、实现机构价值。投资机构充分发挥资本快速推进的力量，为比赛中表现突出的团队提供创新创业扶持基金帮助其创业，从而获得了更多的优质项目。

参考文献

[1] 凯文·莱恩·凯勒.2009战略品牌管理[M].北京：中国人民大学出版社，2009.

[2] 王新业.产品IP化：从"新"定义营销的身份[J].销售与市场（管理版），2018（2）：19-21.

[3] 李华.通过品牌战略改善我国企业信用状况[J].商业现代化，2008（27）：384-385.

[4] 黄敏.品牌构成要素研究[D].广州：广东工业大学，2016.

[5] 刘建堤.品牌定义与品牌资产理论研究文献综述[J].经济研究导刊，2012（31）：195-199.

[6] 余立锋，邹晓松.论产品的品牌特征与产品形态特征的一致性[J].美术大观，2007（4）：29-32.

[7] 王延峰，杨珊珊，余明阳，等.基于品牌营销视角的品牌定义和品牌特征再认识[J].上海管理科学，2008（4）：29-32.

[8] 高伟.关于强势品牌特征与培育对策的思考[J].工业技术经济，2008（8）：26-28.

[9] 陈志和，马爱霞.品牌构成要素研究综述[J].现代经济信息，2012（6）：249.

[10] 田云彦，郭正卫，宋永高，等.品牌要素构成理论综述[J].现代商业，2010（29）：47-48.

[11] 汪秀英. 论企业品牌要素的多元组合与运行机制 [J]. 现代经济探讨, 2006（4）：13-18.

[12] 吴云珊. 国内高校信息搜索大赛的品牌化运作 [J]. 高校图书馆工作, 2018（3）：67-70.

[13] 柴红年. 赛事品牌构建理论与实证研究 [D]. 上海：上海体育学院, 2007.

第四章

平台搭建

在不同发展阶段，企业的成功会有不同的基础因素。在传统的农业社会，出售剩余农产品除了要有好的农产品还要有特定的交换场所——市场；而到工业社会，不仅要依靠产品品质和市场，还要在一定市场范围内形成品牌效应，就是所谓的"酒香不怕巷子深"，也需要完善产品销售渠道；到了信息时代，除了研发、生产、销售之外，人们开始重视市场基础上演化的平台，平台经济逐步形成并迅猛发展。迈克尔·哈耶特提出具备竞争力的产品和有效的平台，是制胜市场的两个重要因素。[①] 创新创业大赛以"科技创新，成就大业"为主题，是一个专业化的互动性平台和中小科技企业的众扶平台，要充分认识、加以利用，发挥创新创业大赛在新时代创新发展中的重大作用。

一、平台的内涵与特征

（一）概念

"平台"这个词汇由来已久，但真正成熟是进入信息时代以后。当互联网场景深入人们的生产生活中后，现代平台概念也应运而生。其实在人们进入信息时代之前，尽管现代平台概念并未完全确立，但是以其他形式存在的"平台"早就已经出现于人们的生产生活中了，如用于交换商品的市场、产品形成的品牌、同类型的产品线等，都是平台的早期形态。

进入信息时代后，各类型的平台如雨后春笋般相继出现，基于平台信息技

[①] 迈克尔·哈耶特.平台：自媒体时代用影响力赢取惊人财富[M].赵杰，译.北京：中央编译出版社，2013.

术的平台企业更是彰显出了强大的生命力。例如,马云创办了阿里巴巴电商平台、刘强东创立了京东商城平台、李彦宏和徐勇创办了全球最大的中文搜索引擎百度平台,马化腾等5人创立了即时通讯的腾讯平台等,这些借助互联网技术出现的平台企业在我国快速崛起。

1. 平台的概念

(1) 平台的基本内涵

"平台"的内涵最先提出的是 Wheelwright 和 Clark,他们认为平台是以完善生产产品流程为目的,可以根据消费者需求去增加、去除或者替代某些功能,[①]如汽车的生产平台。在此之后,信息技术的快速发展推动了平台的发展,平台由最初简单的产品平台进一步演化成为平台企业,进而发展壮大成为平台生态系统。[②]

对平台内涵的理解,从不同的角度出发理解其含义不尽相同。从信息技术角度来看,通常将支撑组件生存的容器、组件间的协作规则及依赖组件技术产生的服务合称为平台;[③]从经济学的角度来看,平台的本质就是市场,它可以理解为是一种现实或虚拟的空间,该空间可以导致或促成双方或多方客户之间的交易。[②]

综合来说,平台是一种环境,它可以衍生出来其他的产品或者是服务,这种环境不仅可以衍生出其他产品,同时也是这些衍生品的生存环境。简而言之,平台是产品或者服务的供需匹配空间和系统。在平台这样的环境中不同的利益群体实现其不同的利益需求,如我们熟知的购物平台淘宝、生活服务平台58同城、金融支付平台支付宝等。

---

① WHEELWRIGHTSC,CLAKKB. Creating project plans to focus product development[J]. Harvard business review,1992,70(2):70-82.

② 高良谋,张一进.平台理论的演进与启示[J].中国科技论坛,2018(1):123-131.

③ 谷虹.信息平台的概念、结构及三大基本要素[J].中国地质大学学报(社会科学版),2012(12):72-77.

（2）平台内涵的扩展和演变

对平台发展脉络梳理可以发现，平台概念已经由单一的产品平台向综合性平台演进。随着互联网时代的到来，平台的发展注入了现代信息技术因素，也促使平台渗透到社会生产和生活的各个领域，推动着技术、产品、服务及各种社会资源的融合、互补和重新配置，从而带动了经济增长、社会效益和劳动就业等全面发展。

现在平台已经演变为以构建和运营平台为基础，整合多方资源和信息为手段，为多元主体提供差异化信息和服务以实现多主体利益最大化为目的的一种新型组织形式。各类平台的构建和提升，使得平台成为互联网场景下重要的发展载体，同时互联网也推动了平台概念向更高的层次发展，平台也在由最初的产品平台向平台生态系统迈进。关于平台概念的发展过程如表4-1所示。

表4-1 平台概念的发展与演进

发展阶段	阶段特点	演变意义
产品平台阶段	由企业内部平台到供应链平台再到产业平台发展	有利于企业资源整合优化，加大对优势生产环节的投入
平台企业阶段	与消费者预期、平台质量、网络效应息息相关	形成"大规模，定制化"生产模式
平台生态系统阶段	平台提供企业开放或封闭的选择，整合跨界异质资源，多主体互动循环创新	有利于加强创新成果，具有强大的自我调节和抵御风险能力、更快的创新速度

注：制表中发展阶段的划分参考高良谋、张一进等《平台理论的演进与启示》。

平台演变的一个重要趋势是由实体形式向虚拟形式转变。原来找工作投递简历需要到处奔波去参加各种招聘会，现在我们只要通过智联招聘、58同城等信息平台就可以实现在线投递简历。当然，现在的平台并非完全摒弃了实体形式，而是将"虚""实"两种形式相结合，推动平台服务向更高效率、更高层次发展。我们在一个电商平台消费的时候，就能够体会到这种虚实结合的综合服务，线下服务和线上服务相互补充。例如，我们在京东平台购买商品后，也能获得京东线下的快递运输、售后等实体服务。

（3）平台的类型

平台的类型非常广泛，从不同的角度可以划分出不同类型的平台。例如，从平台的存在类型可以划分为物化平台和虚拟平台；从平台的服务范围可以划分为地域性平台和全球化平台；从平台的传递信息角度可以划分为单向性平台和交互性平台；从平台的功能可以划分为产品与服务平台、交流平台等。

从平台的服务领域和内容来划分，平台的类型多种多样，表 4-2 中梳理了不同服务领域的平台。

表 4-2 平台的类型

平台名称	主要特性	功能	典型
金融平台	理财与借贷	在健全的风险管控基础上，为用户提供投资理财等服务	陆金所、开鑫贷等
产品与服务平台	消费与购物	专业综合的网上购物商城，为用户提供便捷的购物体验	京东、淘宝等
公益性平台	信息采集与传播	实现对全国公益领域信息的采集、监测、发布与传播等	中国慈善信息平台
教育平台	网络学习	为读者免费提供高等教育课程的网络视频，并且有专属的学习和管理系统	中国大学 MOOC、Coursera
人力资源平台	培训与招聘	汇集社会招聘、校园招聘、猎头服务等多方信息，提供企业培训及人才测评等多种服务	智联招聘、58 同城等
创新创业大赛平台	创新与创业	集人才交流、信息共享、规范服务等为一体的平台	中国创新创业大赛平台、创客中国

（4）平台构建的意义

随着社会分工的不断细化和各类社会活动的不断创新，平台这种新型的组织形态对国家、社会、产业、企业和大众等诸多方面的影响日益显著。

品牌 平台 机制

一是将交易者汇集平台，扩大了交易规模与水平。平台构建的核心意义就在于对供需双方的集聚效应和沟通渠道的建设，也即平台的构建能够将众多的交易者或者说需求方以某些方式连接起来，以达到互通有无的目的。当众多的交易资源集聚时，资源的匹配速度增快，交易的难度也得到了（相应）降低，交易的规模也因此积聚。

二是有利于规范市场竞争秩序，避免市场风险。同类产品之间的生产者会为了获得更多的市场份额而采用各种手段进行竞争，市场得不到规范的情况下就会形成恶性竞争，搭建链接产品和消费者之间的平台能够借助平台的力量规避风险。以淘宝为例，它将众多电商（企业）集合在一起，以共同的规则对商家进行规范，能够有效地避免交易的风险。

三是能够节省平台参与者的经济和时间成本，还实现了平台多方主体的利益最大化。平台的搭建是对多方资源的整合，尤其是在技术的推动下，将众多的网络信息汇总在网络平台之上，能够节省人们出行的交通成本和实地考察的时间成本。例如，艺龙是一款 OTA 软件，在该平台我们可以预定去往云南的飞机票和住宿酒店。

2. 大赛平台的概念

（1）大赛平台的内涵

中国创新创业大赛是创新创业的平台，对于创新创业具体内容的理解和方式的应用是对创新创业大赛平台概念理解的基础，可以将创新创业分解为 3 个维度去理解，详情如表 4-3 所示。

表 4-3 创新创业平台

平台	内容	方式
创业平台	集人才、资本、技术、政策和市场信息于一体	贯穿于产品的生产和销售的全过程，通过产品技术的改进优势和市场信息的把握实现创业的价值
创新平台	涵盖基础设施、理念和模式、技术和管理等多方面的创新	基于互联网等时代特征，通过科技研发和市场探索，对产品基本原理、市场逻辑等进行创新

续表

平台	内容	方式
创新创业平台	对于资金资源、人力资源、信息资源、科技资源等汇集整合，创新与创业相互推动	整合资源，为企业提供创业共享资源与营造创新创业环境，在市场机制下推动企业的创新与创业

创新创业大赛平台既不是单纯指创新活动也不是指创业活动，而是二者相结合的概念。既包括精神层面的原创性又涵盖了物质层面的实践性。它是基于技术创新、产品创新、服务创新、商业模式创新等方面的一点或者多点元素进行的系统化的创新创业活动，同时也作为一个开放性的、显性化的知识创新载体，为中小企业、科技人员创新与实践能力的提升搭建了良好的平台。

因此，可以将创新创业大赛平台理解为是指借助创新创业大赛的举办，促进政府管理服务部门、企业、团队、金融机构及创业导师等多方群体之间的交流，技术、产品、服务及各种社会资源的融合、互补和优化配置，进而提升多边效益的一种新型服务业态。

（2）大赛平台的性质

一是扶持服务。创新创业大赛始终坚持"政府引导、公益支持、市场机制"的理念，聚集各种资源，政府和科技主管部门为参赛团队提供相关的创业政策扶持，金融机构为参赛团队提供资金扶持，创业导师为参赛团队提供创业服务，高校和科研机构在技术上的扶持，使创新创业大赛平台已发展成为众创空间和众扶平台的结合体。

自从2012年河北省创新创业大赛举办以来，平台始终以"赛马场上选骏马、市场对接配资源"为宗旨，充分发挥创新创业大赛的平台功能，出台了《河北省创新创业大赛激励扶持政策措施》。在比赛过程中，大赛举办方还会举办配套的创新创业活动，如创业和技术的培训辅导、项目推介洽谈会、融资路演等多项服务。仅2018年河北省科技厅就新增1000万元用于河北省创新创业大赛奖励，奖励专项总计达2000万元。

二是整合资源。创新创业大赛汇集了丰富的创新创业资源，并通过平台进

创新创业大赛
品牌 平台 机制

行各类资源整合。各级政府、科技主管部门是创新创业政策资源的管理者和分配者，能够为企业发展提供良好的政策环境；各类龙头企业、金融投资机构连通着大量的市场资源，能够推动创业团队实现和市场对接；各类创业孵化机构、众创空间等服务机构能够帮助创业团队获得各类创业资源；高等院校和科研院所源源不断地为企业发展提供技术支撑，加速科技成果转移转化。

例如，第六届河北省创新创业大赛获得一等奖的廊坊市智恒机器人科技有限公司团队，以平台为契机，再接再厉，公司已经获得授权的实用新型专利1项、软件著作权15项、申请审核中的发明专利2项、实用新型专利7项、外观专利3项，这与参与大赛、获得奖励有直接关系。

三是融合对接。大赛的评审专家来自于多个行业、不同领域，评审方式一般采取答辩或路演的方式，每年都有投资机构参加赛事评审，创业者、投资人能在大赛中直接对接，充分交流，激烈碰撞。在平台内来自各行各业的专家和资源通过赛事匹配优秀的项目，技术、资金等要素在平台内得到优化配置。

河北省第六届创新创业大赛组委会办公室在赛事期间组织配套活动，为获奖企业和团队免费提供融资路演、项目推介洽谈会等，大赛邀请投资机构、银行等专家作为评委，在比赛过程中，专家与创业项目密切接触，有效促进了企业与资本的对接，在一定程度上缓解了中小企业融资难的问题。[①]

（3）创新创业大赛平台的功能和意义

一是聚人心。创新创业大赛平台响应党中央和国家提出的大众创业、万众创新号召，在政府支持和引导下，汇集各方资源和服务，搭建服务创新创业平台，为参赛企业和团队提供针对性支持，成为吸引企业和创新团队的重要平台。河北省创新创业大赛已经连续举办六届，报名人数逐年增长，共计吸引8533家企业和团队报名参赛；奖励力度不断增强，仅第六届河北省创新创业大赛就新增1000万元的专项奖励，决出的冠、亚、季军分别获得100万元、90万元、80

---

① 刘璐，陈雷.实施六年，中国创新创业大赛安徽赛场成果斐然[J].安徽科技，2018（9）：15–16.

万元专项奖励，第 4 名至第 10 名获得 60 万~70 万元奖励不等。大赛平台通过弘扬创新创业文化，注重价值观引领，创新创业思想的培养，有力的凝聚了人心，激发全民创新创业的热情，掀起创新创业的热潮。

　　二是聚智慧。创新创业大赛平台汇集高校、科研机构及行业内的龙头企业，凝聚了多方创新创业智慧，为参赛团队提供交流和学习的渠道，以及辅导培训、融资路演、项目推介洽谈会，使创业团队借鉴经验，汇集多方智慧，充分发掘自身潜力，实现更好的发展。

　　仅从专利看，据统计，第七届中国创新创业大赛所有参赛企业拥有知识产权达 15.4 万项。其中，发明专利 3.3 万项；实用新型专利 5.8 万项；外观设计专利 8 千余项；软件著作权 5.2 万项；药品批文、医疗器械注册证、集成电路图等其他知识产权共 1400 多项。[1]这些都是平台可以汇集利用和转移转化的。

　　三是聚合力。创新创业大赛平台本身就是多类主体参与的规模大、层次高的创业平台，政府部门可以针对参赛企业和团队的需求，及时完善支持政策；创业投资机构、金融机构针对新需求与个性需求，充分发挥资本对创新创业的推动力量；高校和科研院所的技术研发、成果转化也有了一个新渠道，并能提供针对性技术供给；创业导师和创业孵化机构可为创业团队提供方向上的指导。汇集各方力量，充分利用好各方资源，可以形成创新创业合力。

　　仅从创新创业导师看，2017 年 10 月，教育部完成首批优秀创新创业导师遴选入库工作，共确定 4492 位导师为首批入库导师，从而为创新创业大赛的导师辅导提供了强有力的后援。同时，大赛也邀请行业专家、投资专家等作为评委参与赛事，协同多方力量形成合力。

（二）平台的特征

　　平台搭建目的是为了将资源和需求匹配，打造一个多主体互动良性循环系

---

[1] 中国创新创业大赛将在今年升级　打造科技双创助推引擎[EB/OL].(2019-01-10)[2019-06-23]. http://www.chinanews.com/gn/2019/01-10/8725681.shtml..

品牌 平台 机制

统。平台的特征是其自身功能和属性的体现,在平台中各种资源和主体互动融合,在互联网技术支持下,平台也逐渐被赋予了互联网时代的特征,平台成为超越时空、时时交互的巨大创新创业平台。

1. 平台的一般特征

①有机性融合性。平台将来自社会各方主体的信息、资源和服务等有机融合在一起,加速资源的重新配置和信息的有效利用,进而提升社会整体效益。例如,购物平台淘宝就是将C2C、团购、分销、拍卖等多种元素整合在一款APP之中,实现了同一平台多种功能的融合。

②专业化分工协作。平台对功能进行了分区,通过专业化的分工协作,实现了平台的专业化和高效性。我们熟知的58同城是一个生活服务类的互联网平台,该平台分为招聘专区、房产专区、二手市场专区等板块,每个板块都进行专业化打造,在板块专业化和集聚化的过程中实现了平台的高效性。

③网络化节点。平台是由大量独立且相互连接的网络节点组成,这些节点就是平台的用户端,或是供给方或是需求方。平台就是由这样许许多多的网络节点通过特定的介质相互连接构成的巨大网状结构。以DCP为例,其就是一个零售商沟通平台,每一个零售商就是其网络节点,这些零售商共同构成了DCP平台的网状结构。

④跨时空性。以传统形式存在的平台,在时间和空间上都有的很大局限性。现代平台利用互联网技术,不再局限于某个地区和固定的时间,用户可以通过移动设备访问平台,享受平台提供的服务。互联网技术催生的一批平台企业,其中突出的有京东商城、一号店、淘宝、艺龙、携程、当当、亚马逊等,我们只要有一部手机一个账号,就可以足不出户地享受这个平台为我们提供的服务。

⑤边际成本低。平台所需要的成本主要分为3个部分:建设成本、维护成本和宣传成本。但是,由于平台建成之后可以长期使用,因此,平台新增的边际成本几乎为零。随着平台用户逐渐增多及平台品牌信誉的建立,维护成本和宣传成本的边际成本也趋于零。以互联网平台为例,这些平台在前期的研发成本往往会很高,甚至一些大的平台每年的研发成本会上亿元,然而在平台成熟后其维护

成本和宣传成本的比例，会因为平台的成熟和活跃群体的增多而较少，就像京东商城就是典型之一。

⑥合作共赢。参与平台各类主体在诚信和制度约束条件下，通过平台提供的资源和信息实现多方共赢。平台是链接资源和需求的，平台功能的实现使得资源得到优化配置、需求得到满足。携程旅游是一个OTA平台，通过携程平台部分C端商家（酒店、航空、景点等）的产品获得多渠道的销售，C端用户的消费需求也得到多样化满足。

⑦载体性。平台的载体属性决定了它并不会直接参与到平台参与者的交互活动中，其作用更多的是为通过平台搭建、完善自身功能等来吸引用户参与，并制定与平台互动活动相关的规则和制度。淘宝、58同城等平台往往是不会参与到其业务交易过程中去，他们更多的是在交易过程之外为使用平台者提供全方位服务。

2. 大赛平台的特征

创新创业大赛平台不仅具有平台的普遍特征，同时还具有因大赛属性而产生的个性特征，如网络效应、整合效应、外部经济性等。

（1）网络效应

以创新创业大赛为载体，吸引科技型中小微企业和创业团队参加，金融投资机构深度参与，政府和科技主管部门的政策支持，高等院校和科研院所的技术辅助，创业导师和创业孵化机构开展服务。大赛平台将各个平台主体连接起来，提供了交流与沟通渠道，便于各主体间相互沟通和专业化分工协作。

网络效应具有增进性。在网络的平台中，由于用户的行为习惯及心理变化，当优势或劣势出现并到达一定程度时，会出现不断强化的现象，最终形成"强者越强，弱者越弱"的垄断局面。随着平台用户人数的上涨，供应和需求越匹配，产生的价值越高，就能吸引到更多参与者，网络效应带来的效益将随着用户的增加而呈指数形式增长。中国创新创业大赛自2012年起共计举办了7届，共计吸引到15万家企业和团队报名参加，同时链接大量投资机构、创业基金、企业资源，形成了创新创业大赛的平台网络，同时在这种网络具备时空延展性，

往届的网络可以和此届网络形成联合效应。

（2）整合效应

大赛平台广泛汇集创新创业资源，有效促进参与主体的多方对接，实现信息的共享和交流，解决企业和团队技术创新和发展中的信息不对称性，进而提高资源利用效率，达到"1+1"大于2的效应。这只是整合效用的基础，在多方资源整合的过程中，以资源自身特性为基础构建完善的服务系统，打造全方位的大赛服务体系，才是平台整合效应的深层次意义。河北省创新创业大赛引导聚集政府和市场资源支持创新创业，近百家银行、风险投资等金融机构参与合作，提供资金支持等，其实就是在发挥资源的整合效应，构建科技和金融、政策和科技、技术和创新之间的整合通道，将金融、政策、科技、创新深度有机融合起来。

（3）外部经济性

平台形成的是自我增强虚拟循环，平台的参与者通过在平台内部获取的资源提升了自身的价值。例如，大赛平台为参赛团队提供了与高校和科研院所及资本直接对接的渠道，为团队提供技术指导和资金支持，促进了创新团队更好地发展；同时，大赛平台还为企业的共性创新需求提供新的发展思路。平台为参与成员发展提供的支持，反过来又会吸引更多的成员参与到平台中去，形成螺旋形上升优势，平台自身也得到了提升。

二、平台构成要素

平台的类型多种多样，从平台的共性特征中抽取平台的基本构成基因，就可以看到平台的基本构成要素，本部分主要从海量端点、通用介质、交互空间等方面了解平台的构成要素，如表4-4所示。

（一）海量端点

平台是由大量独立且相互连接的网络节点组成，这些节点及这些节点背后

表 4-4 平台构成要素

平台构成要素	要素特点	要素功能
海量端点	数量规模大、活跃度高	平台的主体、参与者
通用介质	主要表现是网络化服务和技术支撑	主、客体之间连接方式
交互空间	中心端点，对接所有其他端点	平台的客体

资源网络共同组成了平台的海量端点，这些碎片化的端点通过一定的介质关系联系在一起，当平台的用户端产生需求时会遵循这些关系的痕迹快速匹配资源，因此，一个优质平台的海量端点就具备了规模巨大、活跃度高、联结高效等特点。

①规模巨大。在任何领域的平台中海量端点都有一个共性，那就是规模庞大。海量的端点出现意味着平台具备了资源库存，为平台的下一步连接做好了准备。以支付宝为例子，支付宝打造第三方支付平台，拥有的海量端点是非常可观的，超过 10 亿人的用户构成了其端点体系，这些端点中包括了用户与用户、用户和商户之间的端点连接。

②活跃度高。海量端点还有一个特点就是活跃度高，端点与端点之间、端点与平台之间的交互频率能体现出平台的价值。平台的活跃度也是衡量平台价值的标准之一。平台作用的发挥依赖于端点的活跃度，端点与端点、端点与平台之间如果缺少互动，平台的核心作用就难以发挥。以各大银行的手机银行移动支付平台和支付宝为例，在小额支付上面各大银行的手机银行用户活跃度远没有支付宝的手机活跃度高，就小额支付而言，支付宝的平台价值会高一些。

③联结高效。海量端点通过平台的交互空间高效联结，加强了远程协作能力，提高了效率。这种高效联结得益于平台资源的整合功能，在对端点的整合过程中会打造沟通机制来提高联结效率。伴随着互联网技术的发展，这种沟通的机制变得更加方便和快捷。当今社会，网络购物已经成为人们一种广泛使用的一种购物方式，网购平台为了提高客户和商家之间的连接效率，平台开设了评论功能，让消费者对所购产品进行评论，对商家的服务进行打分，这样能够保证端点之间的连接效率。例如，在使用某外卖点餐平台进行点餐之后，

可以对菜品和外卖配送进行打分。

（二）通用介质

通用介质原指网络中发送方与接收方之间的物理通路，它对网络的数据通信具有一定的影响。常用的传输介质分为有线传输介质和无线传输介质两大类。不同的传输介质，其特性也各不相同。但对于现代平台概念来说，通用介质在连接平台时可能是使用多种形态来实现平台的畅通连接，是端点之间的互动关系，以及运行规则、机制的提炼和整合。通用介质的最主要作用就是实现平台端点之间的联结，而这种作用的实现需要依靠一定的技术支持。

1. 联结网络

海量的端点依靠通用介质才能实现连接形成平台网络，因此，通用介质是平台运行的基础部分，是实现海量端点联结的桥梁。同时端点间的信息传输也是要靠通用介质来帮助完成的。就像虚拟网络是通过无形的界面标准联结起来的一样，平台网络也是靠通用介质联结海量的端点形成的网状结构平台。

在互联网社会，各种社交平台也层出不穷，沟通和交流变得更加便捷。以众所周知的社交平台微信为例，每位用户都是其端点，而连接这些端点的通用介质就是数据，具体来说就是我们的文字信息、语音信息、视频信息、图片信息等，当然这种数据介质依赖于网络进行传输，所以通用介质的实现需要一定的技术支持。

2. 技术支撑

平台网络的构建需要以通用介质为基础的维持和运行，在这方面就突出地表现为通用介质的技术支撑。在信息化社会，平台的技术支撑离不开网络开发的技术、集群计算机技术等现代互联网技术。平台在实际运营过程中要实现端点间的介质连接，除了这些基于互联网的技术支持之外，介质的连接技术也表现为建立在社会道德和法律之上的规则技术，也就是建立端点之间的联系需要一定的规则来维护，这种规则技术就是法律条文、道德规范等。互联网技术实现了端点之间的基本联系，然后再通过明文规定或者约定俗成的规定习惯来维护端点之间的关系，就此通用介质形成。

综合来说,在互联网社会平台端点之间的技术支撑,包括传统的规则技术也包括互联网的传输技术,通过技术支撑平台端点之间的关系得到稳定,平台的功能才得以实现。

(三)交互空间

交互空间指的是在端点之间通过特定介质建立了一定联系之后,端点与端点之间因互动而产生的空间,而这些互动产生的原因则是个体之间的利益博弈,个体之间的博弈实现了个体介入的最大效率,也能够实现平台资源的最优配置。从交互空间的结构来看,交互空间又分为内核层、控制层和活动层(图4-1)。

1. 内核层

平台的内核层是整个平台的核心部分,同时也是交互空间基础的组成单位。内核层最直观的表现就是平台参与的直接主体即平台的端点,也就是一般意义上的资源和服务的提供方、资源的需求方、平台的组织方,这些平台的端点围绕平台的"规则和机制"展开交互活动。

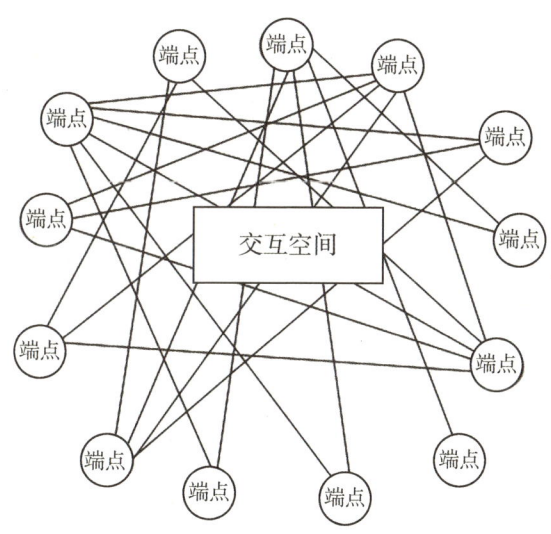

图4-1 平台交互空间示意

2. 控制层

控制层是指对平台的运营和维护，它是交互空间的中枢神经。一般是指由平台的资源数据库、组织管理结构等组成的运行和维护的机制和规则，这些机制也是平台内核遵循的活动原则，是平台端点之间建立联系的通用介质。

3. 活动层

活动层是指平台交互活动的具体形态和构成，活动层涵盖的是端点之间互动形成交互空间的层面，也是交互空间的外在具体形式，一般表现为一次平台活动的过程，在此过程中平台的内核层按照控制层的预设机制进行活动。

三、大赛平台的构成

通过对平台一般构成要素的研究，对于创新创业大赛平台的构成要素主要从参赛的海量端点、联系的通用介质、创造的交互空间、平台的基本架构等几个方面去解读。

（一）海量端点

创新创业大赛平台的海量端点是指直接参与平台的众多的社会主体，包括大赛的组织方、参赛方、服务提供方等，它们是大赛的直接参与者，他们通过策划大赛方案、创造优质项目、提供服务等方式推动着创新创业的发展。

科技型中小企业和创新团队、政府、高校和科研机构、金融机构、创业导师等参与到大赛中的主体及其后所具备的各类资源，都是大赛平台的端点构成。从 2013 年河北省创新创业大赛开赛以来，参与大赛的社会主体，从最初的 444 家企业和团队增加到 2018 年的 3606 家企业和团队，年均增长 55.74%。平台端点的迅速增长为平台的发展注入了强劲动力，提升了创业大赛平台的影响力。

（二）通用介质

创新创业大赛平台的通用介质表现为大赛的赛事设置、评审制度、奖励引导制度等构成的运行机制。大赛的通用介质是一种将参与创新创业大赛平台的每一个个体或团体连接起来的方式。这种方式主要表现为平台的规则支撑技术，是大赛平台功能实现的重要基础和条件，在此基础之上大赛参与的主体之间交流互动，实现各自大赛参与的目的，基于此样的互动大赛的交互空间形成，也是创新创业大赛举办的重要目的之一。

河北省创新创业大赛分为报名、形式审查和推荐、初赛、行业赛和全省总决赛5个阶段，每一阶段均以作品展示和升级的方式，按新材料、新能源及节能环保、生物医药、电子信息、先进制造、互联网、军民融合7个行业分组比赛，各评委组按照比赛规则进行评定和筛选，期间会有专业人员和团体对各个参赛主体实施指导培训、融资路演、项目推介等服务，这些共同形成了创新创业大赛的活动设置。

（三）交互空间

创新创业大赛平台的交互空间是指平台的内核层遵照控制层的各项设置形成活动层的过程，也即大赛的各方参与主体在大赛运行机制和规则的指导下形成各类赛事活动的过程。内核层、控制层和活动层（图4-2）三位一体共同构成了大赛平台的交互空间，其中活动层是交互空间的基础。创新创业大赛平台活动层贯穿于大赛始末，主要包括以下3个部分。

第1部分主要是指参赛团队与高校、科研部门及创业导师等多方群体之间的交流，使信息资源的共享弥补不同主体间信息不对称问题，使技术、产品、服务、

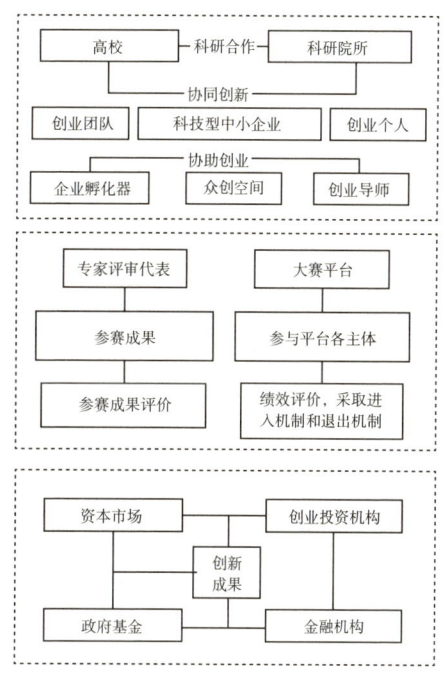

图4-2 创新创业大赛活动层

信息及各种社会资源的融合、互补和重新配置，进而提升参赛团队的创业能力和参赛成果技术水平。

第2部分是指参赛团队成果的展示，专家进行评审及对参与大赛平台的其他社会主体进行绩效评价，建立与之相关的进入机制和退出机制，以提升大赛服务质量。

第3部分主要通过政府基金、市场资本、金融机构及创业投资机构等资本对接科技成果，最终实现创新成果的转化。这是活动效果展现的重要载体，任何科研成果如果无法落地，就会失去其存在的现实意义，因此，该部分也是创新创业发展的表层土壤。

（四）基本架构

大赛平台的构成要素按照一定的结构排列组成了大赛平台的基本架构，以其基本的形式服务着创新创业的发展，大赛平台的基本架构如图4-3所示。

大赛平台的架构可以分为以下几个方面：参赛者、创业指导、资金支持、技术支持、政策支持、外部宣传等。其中，参赛者主要指的是参赛的创业团队和中小企业；创业指导主要是创业导师和创业孵化机构为大赛参赛者提供的创业辅导；资金支持主要是指来自于创投、金融和龙头企业等机构的投资支持；技术支持是指高等院校、科研机构和创新创业企业实现的技术信息的交流和沟通；政策支持就是指政府和各级相关部门出台的有利于促进企业创新创业的政

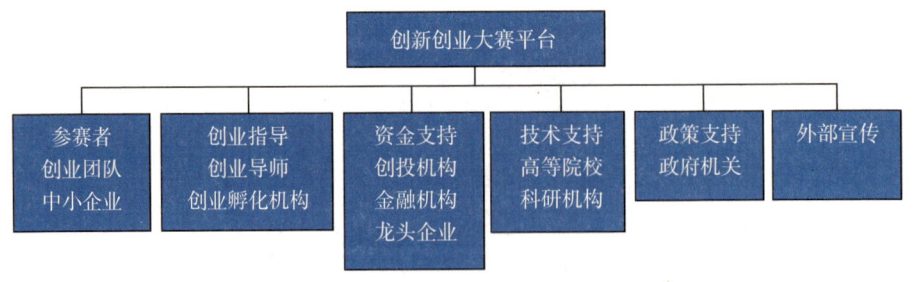

图4-3 大赛平台架构

注：图片信息来自于大赛官网功能布局。

策；外部宣传则是指服务于赛事的报道和传播。

四、平台提升路径

中国创新创业大赛是针对创新创业企业的众扶平台，平台的价值取决于平台所提供服务的价值。想要最大限度地发挥创新创业平台的价值，需要做到精准定位、双创联动、广泛宣传来创新服务、聚拢资源、扩大社会知名度（图4-4）。

（一）精准定位

创新创业大赛的服务群体是中小型科技创新企业和团队，这些团队所处的发展阶段不同，会有不同的发展需要，精准定位是为了厘清不同需求群体的个性化需求，进而精准施策，提高服务质量。

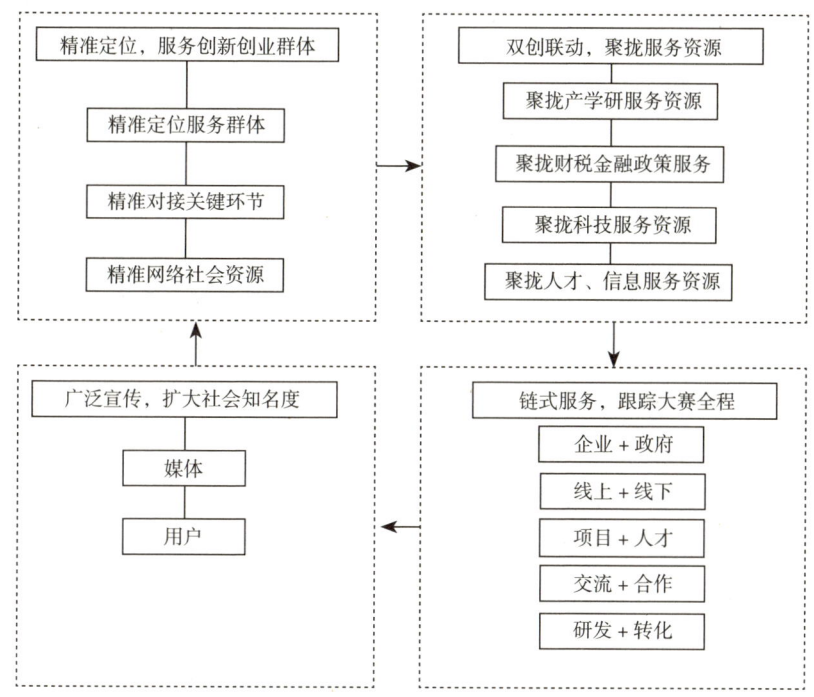

图4-4 创新创业大赛平台提升路径

1. 精准定位服务群体

找准服务群体的需求是为了更好地精准施策，创新创业大赛平台应该将服务群体精准定位在科技型中小企业和创业团队的创新发展需求，在资源和政策上进行支持。精准定位的核心并不仅仅指对明确的服务群体，还要有对服务群体的特征准确把握，即这些科技型中小企业及创业团队资源禀赋较弱，自身拥有的资金和市场信息较为贫乏，因此，大赛平台应该针对这些参赛团队的特点提供相对应的服务，资源、研发、管理是其急需的服务，围绕这些痛点努力打造创新创业生态圈，不断地完善"双创"服务体系，这也是创新创业平台持续努力、不断完善的方向。

2. 精准对接关键环节

在世界范围内，中小企业创新创业都会遇到一系列问题，而如何提供精准服务十分重要。从目前来看，精准对接的关键在于：更广泛和深化创新创业投资、融资与科技型中小企业和创新团队对接，为参赛团队提供精准对接的投融资服务；政府政策资源、社会资源将政策着力点落实在解决参赛团队的研发经费及研究成果转化上的资金问题上；政府资金支持不仅是政府为创业团队提供创业补贴、税费补贴及小额担保贷款等，还引导金融机构与参赛项目精准对接，引入社会资本，充分发挥资本快速推进科研发展的力量，为参赛团队提供强劲的发展动能；[①] 邀请与吸引高校和科研机构深入参与到大赛平台中来，为参赛团队提供精准对接的技术咨询、技术攻关、技术信息等服务；精准对接创业培育服务，形成创业导师和创业孵化机构对参赛团队提供创业指导、创业帮助及创业咨询等一系列创业帮扶的服务模式。精准对接创业服务不仅仅是推动创业企业和创业团队实现成功的重要因素，同时也是大赛平台提供专业、优质服务的重要任务。

3. 精准网罗社会资源

就创新创业大赛平台来讲，精准定位的最终目的是为了向参赛企业和团队

---

① 刘健.依托中国创新创业大赛平台构建科技型中小企业服务模式的思考[J].时代经贸，2016（12）：47-49.

提供更加优质的服务。所以，仅精准定位还不够，还需要以平台为载体精准而广泛地网罗科技创新人才、资本、资源等创新要素，特别是中小型科技企业紧缺的和关键的资源，这对创新创业企业能够产生实质的和有效的提升。这些资源不仅包括政府的资源，也包括来自社会的资源，能够为参赛企业提供科技、咨询等服务的中介机构和能为参赛企业提供资金的金融机构都应该包括在内。当然，未来要将视野放远国内外，吸引和聚集更高层次、更广领域的创新创业资源，创新创业平台的吸引力、凝聚力、竞争力必然大大提升。

精准网罗社会资源，还需以平台为载体，对科技创新人才、资本、资源等要素进行整合，构建以企业为主体的创新协同机制，加快科技成果转化。在平台之内创新创业企业要与高校实现资源共享，通过校企联合，推进高校高新技术成果向企业现实生产力转化。以大赛平台为载体推动政府、高等院校、企业共建创新创业园区，实现创新项目的培育、孵化和转化，统筹推进创新体系各方协同配合和对外合作。[①]

（二）链式服务

创新创业大赛平台要集合多方力量打造全面链条式服务，集中政府和社会两个方面、线上线下两条线，推动项目和人才结合、科技研发和成果转化结合、项目间交流与合作结合。

1."政府+社会"

为了扩大创新创业大赛的影响和社会的参与度，大赛平台可以尝试PPP（Public-Private Partnership）模式，鼓励私营企业、民营资本、高校与政府合作共同筹备大赛,在经费、人员、场地等方面为大赛提供支持。[②]政府充分发挥引导、

---

① 王素兰,张瑜清.浅谈校政企行合作搭建大学生创新创业教育机制[J].人力资源开发，2018（3）：45-46.

② 吴爱华，侯永峰，郝杰，等.以"互联网+"双创大赛为载体：深化高校创新创业教育改革[J].高校生物学教学研究（电子版），2017,7（1）：3-7.

创新创业大赛
品牌 平台 机制

组织、政策等优势，号召力量，集合企业和高校等主体联合探索和利用这一模式，共同打造更广范围参与、更加完善的创新创业大赛平台。一是可以通过平台吸引更多主体共同举办、广泛参与，真正成为全社会的双创平台；二是可以更深层的探索政府引导、市场机制办大赛的体制机制，探索与社会机构对接的有效途径，不断完善制度、健全机构、规范运行，引导更多的社会力量参与到大赛平台之中。

2."线上+线下"

通过"线下"与"线上"的结合，进行大赛流程的创新。坚持以线上平台为牵引、线下载体为支撑，以建设创新创业业态、培育创新创业力量为主线，积极探索实践有特色、可复制、能推广的创新创业平台建设之路。[①] 激发创新创业潜能，构建"双创"服务生态链，引领创业群体向高质量发展、创新驱动、创业致富迈进。

3."项目+人才"

增加多渠道宣传大赛平台项目，吸引众多社会群体参与包括大学生、科研团队、新富阶层、生存型企业、发展型企业等参与到项目中，大赛平台为项目和人才牵线搭桥，实现人才与项目的精准对接。中国创新创业大赛通过对多元化赛事的组织，实现人才和项目的有效结合。可以借鉴国内举办"创青春"江苏青年创新创业大赛、"挑战杯"大学生课外科技学术作品竞赛、"新农菁英"创业创富大赛、大学生村官创业大赛等各类大赛的有益之处，吸引各领域人才参与到大赛中，能够实现项目与人才的精准对接。

4."交流+合作"

大赛平台可以提供更多供需对接的优质服务，在大赛功能设置上不断创新，使办大赛成为为科技型中小企业精准服务的典范。通过大赛企业风采展示、组织座谈交流、开展专题培训及丰富多彩的主题活动，搭建平台助推创业者加强互动、抱团发展。大赛平台还可以举办多类别、多层次的实训活动，满足团队

---

① 刘石泉.大力构建创新创业体系[J].企业管理，2018（5）：16-18.

之间相互交流、互通有无的需要，各创新创业团队可以在大赛平台就相关知识经验进行相互交流，这样也更有利于培养出更多高水平的优秀项目。开通参赛团队与其他企业、科研机构等主体之间的沟通渠道，通过交流沟通了解当前市场等方面的情况，更好地打造创新产品。实现人才与人才、人才与企业和其他机构之间的交流与合作。

5."研发 + 转化"

科技成果转化始终是现实存在的突出问题，而完善大赛功能就可以促进科技成果转移转化。大赛平台可以设置研发成果推介对接渠道，邀请各类金融机构提供投融资服务资源，促成创新创业项目与资本的对接，研发与市场的对接，打造项目与资本对接"直通车"。

（三）聚拢资源

创新创业大赛平台是为中小企业创新创业服务的众扶平台，在平台中创业企业可以获得一定的技术资源、科技和金融服务。在此过程中创新与创业协同发展，推动产学研一体化发展、金融和科技融合发展。

1.聚拢产学研服务资源

聚拢企业、高等院校、科研机构三方各自的资源，满足参赛团队差异化需求，形成强大的集研究、开发、生产于一体的综合服务能力。为创新创业者提供产品开发、孵化转化、中介等服务，让创新创业者将主要精力放在创新研发上。[1]

人才是社会价值创造的主体，创新创业大赛平台需要人才来发挥他们的主观能动性，这才是确保大赛举办成功的关键。因此，大赛平台需要进一步宣传吸引众多创新人才参与展示各自创新成果，聚拢创新型人才，使人才与市场精准对接。

---

[1] 于冬梅，邓飞，冯运.依托产学研资源构建创新服务云平台研究[J].科技创新与生产力，2017（7）：48-49，52.

2. 聚拢金融服务

创新创业大赛已经成为科技与金融对接的重要途径，提升的路径是细化创新创业需求，针对差异化的投融资需求，吸引、聚集各类投融资资源，提升科技与金融融合度。创新创业大赛平台在连接投资机构及金融机构方面具有明显的信誉优势，政府在组织创新创业大赛时通过支持设立创新投资基金、创业引导基金、风险补偿资金等，并实施贴息、减税等政策，优先考虑用地需求、政府采购，可以为创业企业提供数量更多、强度更大、适用性更高的创业投资支持。[①] 大赛平台可以与各个金融机构建立联动机制，协调开展行业论坛、投融资对接、项目成果展等活动，帮助参赛企业最大限度地获取有用的资源和信息。

3. 聚拢科技服务资源

目前创新创业大赛已经提供了一定的创新创业技术指导与服务。发展方向是进一步汇集高等院校、科研院所及龙头企业的技术服务资源，根据参赛企业和团队的不同类型、不同领域、不同层次、不同合作方式等需求，为他们提供稳定的技术上的支持与指导，特别是鼓励建立稳定的技术创新源，助力企业和团队在更高层次上创新发展。同时，进一步提高科技成果研发指导、鉴定、检测、认证、评估等方面的服务水平，降低服务成本，推动创新创业服务高质量发展。

（四）广泛传播

宣传推广是提高创新创业大赛的重要手段，也是进一步提升创新创业大赛影响力的重要途径。强化推广推介是创新创业大赛的持续任务。

1. 利用媒体端应用提升宣传水平

通过创新大赛方式、模式，吸引新闻点，激发省内外新闻媒体聚集，采取多元化方式传递信息，以提高知名度、美誉度。探索赛前官方网站、赛务网站、官方的微信公众号、短信平台等实时发布大赛信息，推广参赛项目的新方式、

---

① 董莉，董晓宏，武星. 京津冀协同背景下河北省科技型中小企业成长环境研究[J]. 经济论坛，2018（10）：103-106.

新方法，利用各种传媒媒体，如平面媒体、电视媒体和网络媒体等方式对大赛实施全程跟踪报道，让更多的人了解大赛平台，扩大大赛的社会知名度。还可以用多样的形式和生动的内容加强对大赛的宣传力度，使宣传方式丰富多样化，带动创新创业平台的功能与效应提升。

2. 利用用户端推广扩大影响力

用户端的推广主要是指平台的使用方对平台的推广，是建立在平台功能发挥基础之上的一种口碑传播。目前，应用端功能单一，扩散效应较小。要创新应用端功能与交互能力，使参赛企业和团队通过大赛平台实现多边获利。对参赛企业赛后创新发展进行跟踪，及时宣传通过大赛发展壮大的典型。进一步提升大赛平台在行业内的知名度和可信度，让更多的机构和团队了解大赛平台的功能和组织机构，也参与到其中来。同时通过品牌建设建立良好的口碑，使创新创业大赛平台成为省内最知名的创新平台和创业平台，打造为创新创业企业服务的众扶平台。

参考文献

[1] 迈克尔·哈耶特. 平台：自媒体时代用影响力赢取惊人财富 [M]. 赵杰，译. 北京：中央编译出版社，2013.

[2] WHEELWRIGHT SC，CLAKK B. Creating project plans to focus product development[J]. Harvard business review，1992，70（2）：70-82.

[3] 高良谋，张一进. 平台理论的演进与启示 [J]. 中国科技论坛，2018（1）：123-131.

[4] 谷虹. 信息平台的概念、结构及三大基本要素 [J]. 中国地质大学学报（社会科学版），2012（12）：72-77.

[5] 徐晋，张祥建. 平台经济学初探 [J]. 中国工业经济，2006（5）：40-47.

[6] 中国社会科学院工业经济研究所. 2018 中国工业发展报告 [M]. 北京：经济管理出版社，2018.

[7] 刘璐，陈雷. 实施六年，中国创新创业大赛安徽赛场成果斐然 [J]. 安徽

科技，2018（9）：15-16.

[8] 中国创新创业大赛将在今年升级 打造科技双创助推引擎[EB/OL].(2019-01-10)[2019-06-23].http://www.chinanews.com/gn/2019/01-10/8725681.shtml.

[9] 刘健.依托中国创新创业大赛平台构建科技型中小企业服务模式的思考[J].时代经贸，2016（12）：47-49.

[10] 王素兰，张瑜清.浅谈校政企行合作搭建大学生创新创业教育机制[J].人力资源开发，2018（3）：45-46.

[11] 刘石泉.大力构建创新创业体系[J].企业管理，2018（5）：16-18.

[12] 吴爱华，侯永峰，郝杰，等.以"互联网+"双创大赛为载体 深化高校创新创业教育改革[J].高校生物学教学研究（电子版），2017，7（1）：3-7.

[13] 于冬梅，邓飞，冯运.依托产学研资源构建创新服务云平台研究[J].科技创新与生产力，2017（7）：48-49，52.

[14] 董莉，董晓宏，武星.京津冀协同背景下河北省科技型中小企业成长环境研究[J].经济论坛，2018（10）：103-106.

第五章

机制构建

创新创业大赛是由政府组织创办的一项全国性或区域性的科技创新创业比赛，也是全国最大的创新创业资源的整合平台。平台整合了政府、科技型中小企业（创业团队）、创投机构、金融机构、龙头企业、中介服务机构、高等院校等各方资源参与赛事。构建和完善创新创业大赛机制，有助于发挥政府引导作用，提高各参与要素积极性并在各要素间形成有效的衔接与互动，从而保障大赛的有效运行。

一、机制的内涵与特征

（一）大赛机制的内涵

1. 机制的内涵

机制原指机器的构造和运作原理，后泛指一个系统中，各元素之间的相互作用的过程和功能。在社会科学中，"机制"是指在正视事物各个部分的存在的前提下，协调各个部分之间关系以更好地发挥作用的具体运行方式，是部分之间的互动关系、制度体系的集合。

2. 大赛机制的内涵

创新创业大赛的机制是参与主体之间的关系形式、制度运行方式的集合体，它包含以下几个方面的内容。

①创新创业大赛机制就是政府部门制定奖励和支持政策，吸引各方资源；在各自的利益驱动下，企业、创业团队等创新创业参赛者、金融创投机构和科技中介机构等创新创业服务者积极参与大赛，并由政府统筹聚合。

②政府、创新创业者和创新创业服务者利用现代技术和设施在创新创业大

赛的平台上充分互动，从而使优质的创新创业项目和团队脱颖而出，获得政府和公益基金的支持及创新创业服务者的市场化服务对接。

③各种媒体通过对创新创业大赛赛事的报道和对创新创业事迹的宣传，让更多的人了解和参与创新创业，从而激发全民创新创业的热情，提升社会创新能力。

综合而言，创新创业大赛机制就是组成大赛的各个要素，在创新创业大赛架构下通过一定的作用关系和排列组合，形成的大赛良性运行和协调发展的方式。

（二）大赛机制的特征

1. 竞争性

由于资源的有限性，创新创业大赛通过引入"以赛代评"的竞争方式，使参赛者在技术和产品、商业模式及实施方案、行业及市场、团队和财务分析等多个方面综合竞争，从而高效发掘出有市场潜力的创新创业企业和团队，提供配套奖励和服务。

创新创业团队之所以参与创新创业大赛的竞争，一方面是因为优秀的团队可以从大赛中胜出并争取到政府的奖励和支持；另一方面是因为创新创业大赛汇聚了企业创新创业所需的各种社会资源，通过参与竞争创新创业团队可以得到免费宣传和推广，而得到潜在的商业契机和投融资机会，加快企业创新发展。

2. 多主体性

大赛多主体性是指参与到大赛之中的主体是多样的，这里的参与不仅仅是参赛的企业和团队，还指为大赛提供支持的组织和团队。大赛的多主体性主要体现在以下4个方面。

一是以政府部门为主的大赛组织者的主体，即政府通过组织创新创业大赛，聚合各种创新创业资源，支持中小微企业快速发展，激发全民创新创业的热情，为社会营造良好的创新创业氛围。

二是以科技型中小企业和创业团队为主的参赛者主体，即创新创业参赛者为获得大赛奖励、相关政策支持及吸引社会资源的关注，参与创新创业大赛的竞争，并为大赛提供宣传亮点。

三是以创投金融机构和科技中介机构为主的创新创业服务者的主体，即创新创业服务者通过参与大赛与参赛者互动或关注赛事，了解创新创业项目，高效发掘出有前景的投融资项目或有价值的中介产品，以进行市场化对接。

四是新闻媒体为主的主体，即新闻媒体通过对赛事及相关内容的报道和宣传，提高赛事的知名度，扩大赛事的影响力，推动赛事文化的传播和传承。

3. 协同性

大赛举办过程中，构成大赛的各要素单位的协调与合作，即为协同性。大赛组织机构的成立及赛程的安排，需要政府各同级部门和多个层级部门之间的协同确认；大赛的评审工作主要由高校等科研单位及创新创业服务机构协同完成；大赛的品牌和影响力需要大赛组委会、参赛者和新闻媒体的协同宣传。

4. 保障性

保障性即创新创业大赛的成功举办是有保障条件的。例如，《关于大力推进大众创业万众创新若干政策措施的意见》等政策的发布为大赛的举办提供了政策保障，中央财政和地方财政设置的专项资金为大赛的举办提供了资金保障。另外，比赛规则的制定和评审专家的选取为大赛提供了竞争性和公平性保障。

二、大赛良性运行机制

（一）运行机制的架构

运行机制是指在一个组织机构的运转中各管理要素、管理职能发挥管理效能的动态过程及反映它们整体作用的分工与联系。[①] 创新创业大赛的运行机制图就是对大赛各部分分工和管理的反映图，反应的不仅仅是各部分之间的互动

---

① ① 姜桂红.产教融合背景下职教集团校企合作运行机制研究[J].大学教育,2018(11): 225-227.

关系和方式,还是部分分工的优化和组合。

大赛的运行机制主要包括激励机制、约束机制、宣传机制和保障机制这4种机制,他们相互联系,使各构成要素在纵向多层次、横向多方协同的大赛中发挥作用,共同促进大赛的良性运行并产生积极效果和影响。大赛运行机制如图5-1所示。

(二)运行机制的分类

1. 版块释义

(1)大赛运行的保障机制

大赛运行的保障机制是大赛运行机制的支撑要素,是大赛良性运行的前提,是创新创业大赛硬实力的组成部分,是大赛开办的最基础的因素。保障机制包

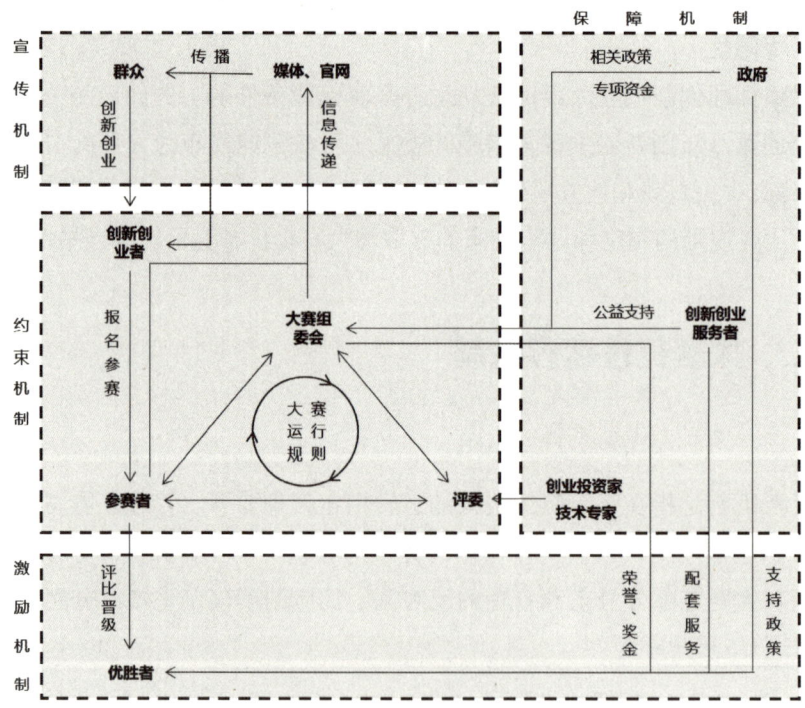

图 5-1 大赛运行机制

括政策保障、资金保障、专业性保障和其他保障，4个方面相辅相成，共同推动创新创业活动进一步发展。

①政策保障：自2014年李克强在达沃斯论坛上提出大众创业、万众创新以来，政府颁发了《关于大力推进大众创业万众创新若干政策措施的意见》《关于推动创新创业高质量发展打造"双创"升级版的意见》等各项政策支持企业和个人创新创业。因此，举办创新创业大赛符合我国关于大众创业、万众创新重大部署及实施创新驱动发展战略要求。另外，河北省还针对创新创业大赛发布了《河北省创新创业大赛激励扶持政策措施》以支持河北省创新创业大赛的举办。

②资金保障：创新创业大赛除了有一套完整的扶持政策外，中央财政和地方财政均有专项资金支持。另外，根据科技部、财政部《关于支持中国创新创业大赛有关工作的通知》，在财力综合考虑下对创新创业大赛优胜团队予以适当奖励。

③专业性保障：大赛的评委有来自各研究院、大企业及高等院校的各行业技术专家，也有来自金融投资机构的创业投资家，在相关专业知识和技术方面、市场风险方面对企业进行专业点评和指导。

④其他保障：主要是指创新创业服务者为大赛提供的各种公益支持和公益服务。例如，招商银行通过陕西省现代科技创业基金会专门成立的"招商银行创新创业公益基金"，连续多年为中国创新创业大赛提供公益支持。

（2）大赛运行的激励机制

创新创业大赛激励机制是针对参赛选手的激励，同时也是对于创新创业的激励。创新创业大赛为参赛选手提供配套培训及相关服务促进其成长发展并最终给予优胜团队以政策、资金、荣誉等奖励，能够激发群众创新创业的热情，为创新创业项目提供发展的动力。具体的激励机制包括以下几个方面。

①"政策激励"主要指的是优秀的创新创业参赛者可以获得地方政府和相关机构给予的配套政策支持，以及获得金融机构、投行、基金的资金支持，接受免费的股改、并购和上市等方面的培训。

②"奖金和荣誉激励"指的是创新创业大赛为优秀的创新创业参赛者提供了专项资金奖励、现金奖励和荣誉证书奖励。

③"成长激励"指的是在比赛过程中，大赛组委会为参赛团队提供各种配套培训，如辅导培训会、创业集训营、行业论坛等，以帮助创新创业者快速成长。另外，创业投资机构会在大赛过程中寻找潜在的优质企业或创业团队，促成其天使投资；金融机构，如银行与大赛平台深度合作，通过获取科技型中小企业相关信息，解决企业与银行之间的信息不对称问题，提高企业尤其是初创期企业的信贷成功率。①

（3）大赛运行的约束机制

大赛运行的约束机制主要是指大赛的运行规则，是对参赛企业和团队的约束、是对受邀评委的约束，同时也是对大赛组委会的约束。约束机制通过对这些主体的约束来实现大赛整体机制的良性运行和协调发展。大赛运行规则主要包括以下几个方面。

首先，报名参赛对企业行业和规模有一定要求，精准定位大赛的参与主体，推荐总决赛的企业要通过严格的尽职调查，这隶属于大赛约束机制中的准入机制。

其次，大赛的评审标准主要集中在技术和市场、行业和产品、商业模式、核心团队、财务数据等几个方面，以市场化的标准来考量项目和团队的具体化措施，大赛的评委主要由技术专家和创业投资家组成，对企业在专业知识和市场潜力方面进行专业点评和指导。

再次，大赛的赛事安排为初赛、行业赛、决赛等几个比赛阶段，通过阶段性的评选对参赛团队的项目进行交叉检验，以便高效筛选出优胜创新创业团队。

最后，大赛整体的运行规则，是对参赛企业和参与主体的约束和规范，从参赛资格、评审制度、赛事安排等各个方面，对参赛主体进行规范，也是对创新创业活动良性运行和协调发展的引导。

（4）大赛运行的宣传机制

创新创业大赛通过电视、报纸、网络、直播等各种线上线下媒体媒介让社

---

① 闫莹，鲍栎月，王仰东.中国创新创业大赛下的科技型中小企业融资问题[J].技术经济，2018（3）：73-79.

会大众了解和认识大赛。媒体通过对创新创业大赛前期的赛事准备和筹划、比赛时各个赛事的进展和表现，以及后续大赛的结果和影响等进行全程跟踪与宣传，有利于激发社会大众的创新创业热情，提升社会的创新能力。

以河北省创新创业大赛为例，赛前通过官方网站和新闻媒体进行赛前动员，在赛中通过电视媒体、新闻网站等播报赛事新闻，赛后通过专题网站、官方媒体、微信公众号等进行赛事宣传，形成了一系列的赛事宣传渠道。

2. 基本运行方式

①政府是大赛的主办力量。在相关政策和专项资金的支持保障下，由政府确定相关参与单位并成立创新创业大赛组织委员会，策划和组织创新创业大赛。

②科学合理地组织专家评委会。根据大赛评委组织规则建立技术评委专家库和创投评委专家库，评审委员会高度重视评审的合理性和科学性，在评分制度和专家的选择上追求公正合理。

③采用媒体媒介对赛事信息进行宣传。大赛通过启动仪式发布创新创业大赛相关信息，并由媒体和大赛官方网站向社会扩散，除了要对赛况信息发布外，还接受社会舆论的监督。

④企业和团队踊跃报名和参加。创新创业者报名参赛，并在大赛比赛规则下展开竞争，通过层层选拔，参赛的项目优胜劣汰，淘汰企业会再接再厉，获胜企业会乘胜追击。

⑤中介机构为参赛企业和团队提供增值服务。创新创业服务者通过对参赛项目或团队的评价和筛选，自主选择服务和对接对象，以专业的中介服务，在实现自身价值的同时推动创新创业企业的发展。

⑥对优胜企业和团队进行奖励。大赛评委对创新创业项目和团队评审打分，评出优胜团队，并由大赛给予相应奖励，这种奖励既包含物质层面的奖金，也包含精神层面的荣誉奖励。

⑦通过媒体对赛事文化进行传播。大赛媒体通过对赛事进程和事迹的相关报道，提高大赛知名度，扩大赛事影响力，以取得成功的企业案例激励社会整体的创新氛围。

3. 机制功能发挥

创新创业大赛机制功能的发挥，需要从多个方面着手，赛事品质是机制功能发挥的重要基础，资源的优化配置是机制功能发挥的重要手段，创新创业能力和赛事影响力是机制功能发挥的保障。

首先，要保证大赛质量。创新创业大赛作为各区域高规格、高质量"双创"赛事，需要各部门协调运作、各要素全程参与，政府的政策和资金支持为大赛的顺利举办提供了基本保障。比赛规则的制定和评审专家的选择既保证了大赛的竞争性又保证了大赛的公平性。大赛为参赛者提供各种公益性的配套培训辅导支持以弥补参赛者在技术上的不足，指导参赛者更好展示自我，从而保证了大赛的精彩性。

其次，要优化资源配置。借助于创新创业大赛的平台，参赛者与创新创业服务者充分互动，如此，参赛者获得了资金或科技方面的帮扶，创新创业服务者降低了筛选甄别成本，创新创业资源和要素在平台上得以流动优化，从而实现创新创业供需双方在利益上的对接。

再次，要提高创新创业能力。参加比赛的创新创业者通过与专家评委的互动交流，可以充分了解到自身在创新创业能力方面的不足和优势，进而明确创新创业的努力方向。另外，在大赛中胜出的参赛者还可以获得专项资金，用以进一步创新发展。

最后，要扩大赛事影响力。媒体通过各类线上线下媒介向社会发布大赛的赛事准备及进展情况，不仅能够吸引大量创新创业者参赛，还能够让更多的社会大众关注到大赛，提高大赛的知名度。另外，媒体还会对创新创业者的人物故事、创业事迹进行报道，营造良好的创新创业氛围，激发全民的创新创业热情。

三、链条式运行机制

创新创业大赛的链条式运行机制是在大赛基本运行方式基础上的延伸，以大赛的基础链条为根本，螺旋式结合构建大赛机制的运行方式，在基础链条的构建和增进过程中，实现大赛运行机制的良性运行和协调发展。

（一）链式增进机制

从对大赛举办的综合角度出发，大赛的基础链条可以分解为组织链条、服务链条、宣传链条、应用链条等，对这几部分的构建和完善的过程就是大赛链条的增进机制。

1. 组织链条

就组织链条的结构而言，其是横、纵向组织体系的结合。横向组织主要指创新创业大赛主办指导方、承办方、协办方、支持单位等组成的部门和组织体系。而纵向组织则指的是国家级赛事组织单位、省级地方赛事组织单位、地市级赛事组织单位组成的自上而下的组织体系。整个组织链条上下协同、左右联动，共同推动创新创业大赛高效、高质地完成。

中国创新创业大赛分为地方赛和全国总决赛两个阶段。各省级科技管理部门根据本地区的实际情况举办地方赛事，并负责本辖区内参赛企业资格审查、尽职调查等组织工作。

地方赛通常通过初赛、复赛、决赛逐级遴选评出优胜企业。其中，初赛由于报名参赛的单位量大通常采用会议或网络书面评审，但也有例外，如河北省第六届创新创业大赛在初赛阶段设立了地市赛，由设区市负责组织举办，复赛由省大赛组委会统一组织，有条件的县（市、区）政府、省级以上高新区管委会申请承办。决赛则由省级科技管理部门组织承办。

省级科技管理部门结合地方赛成绩产生拟入围企业名单，名额由中国创新创业大赛组委会办公室根据举办地方赛情况和参赛企业数量具体分配。

全国总决赛由中国创新创业大赛组委会办公室负责组织，并按行业划分为几个行业总决赛，行业总决赛由半决赛、决赛两个环节组成，并由举办城市具体承办。

2. 服务链条

大赛的服务链条是赛事组织方和支持方对于赛事整体和参赛企业及团队的

支持，贯穿于大赛活动的始末。

（1）赛前服务

赛前报名引导：创新创业大赛组织部门率先发布公告，公布本届大赛的主题、组织机构、参赛条件、比赛安排等相关事宜，同时公布服务政策，包括优秀企业支持政策和配套服务活动，发放大赛流程图册，标明大赛的报名方式和流程，公布各地组织单位的联系方式，方便咨询。例如，第六届河北省创新创业大赛举办时河北省科学技术厅在官方网站上发布了关于举办第七届中国创新创业大赛（河北赛区）暨河北省第六届创新创业大赛的通知。

大赛的动员参与：公布大赛专题网站，实时发布关于大赛相关进程，并于网站设立常见问题解答板块，以答疑解惑，同时召开相关的动员会、新闻发布会等，吸引和鼓励各社会团体和机构参与大赛，并引入市场化新型创业服务机构和公益支持机构，为大赛和参赛企业提供支持和服务。

（2）赛中服务

在大赛举行过程中的服务，主要是针对参赛企业进行的辅导服务。以河北省为例，2018年河北省创新创业大赛过程中组织了20多场创新创业公益活动，包括各种培训会、对接会和各种交流平台等。就一般意义而言，赛中服务通常包括以下几个方面。

一是大赛伊始组委会邀请相关的授课专家，从创新创业大赛政策介绍、项目商业计划书编写技巧、创新创业大赛实战经验等方面，一对一、一对多地对参赛单位进行培训辅导。

二是大赛的相关金融机构会对参赛的各单位推介科技金融服务；大赛会举办企业投融资路演，帮助参赛企业与天使投资、VC、PE、上市中介公司等机构进行深入对接，以促进科技和金融相结合。

三是大赛期间还会举行高峰论坛、市场对接、座谈沙龙、展览展示等系列活动，每一个行业赛都会打造行业高峰论坛，邀请行业内重量级人物为创业者分享经验和体会，并展望未来行业发展趋势。

大赛努力搭建"项目征集、辅导优化、路演竞赛、创投对接、宣传推介"

的科技型中小企业服务平台,为创新创业者提供全方位的专业的服务。

(3) 赛后服务

创新创业大赛的赛后服务,是针对创业者的支持,以政策、资金、推荐总决赛、大企业对接等方式实现的,赛后服务以大赛的评选结果为支撑,以优秀成果发展和落地为目的,推动创新创业活动的发展。

地方赛事结束,省级大赛组委会与上级的大赛组委会对接,落实分配复赛名额,根据比赛结果,推选出优秀的参赛项目参加上一级大赛的复赛。

决赛结束后,举办大赛活动的颁奖典礼,在大赛结束后也会对为大赛做出突出服务的组织单位进行表彰。

挑选出优秀参赛项目吸纳到孵化器里进行孵化,使好的项目有转化平台。转化的方式还可以是提供参赛企业和大企业对接的机会,发挥平台的对接作用。

同时,择取优质项目推荐给相关的创业基金,大赛合作银行会择优给予贷款授信支持,推荐参加"创新人才推进计划"等相关计划评选,以践行大赛宗旨,实现大赛目的。

未直接参与大赛的创新创业服务机构通过对大赛中参赛单位或项目的关注、筛选和市场化对接,为参赛者提供金融服务或中介服务,从而实现供需双方的利益共赢。

3. 宣传链条

大赛的宣传链条是大赛宣传扩散的基地,宣传链条使得赛事组织的影响得以扩展,是赛事高效组织的重要支撑,也是赛事文化传播的重要途径。大赛的各级组织方高度重视媒体的宣传作用,2018年河北省大赛媒体宣传力度也大大提升,宣传媒体达到了46家,其中中央电视台等国家主流媒体就达到十几家。

国家级赛事的组织,科技部会率先发布关于举行创新创业大赛的通知,科学技术部火炬高技术产业开发中心会发布大赛具体信息,包括大赛主体、组织机构、参赛条件、比赛安排、服务政策和专业赛事,中国创新创业大赛及各省赛区的独立官方网站也会跟进发布,网站有大赛专题报道,介绍本届大赛的基本情况,如报名指南、比赛指南、行业赛事等;同时也会有关于往届大赛精彩

品牌 平台 机制

回顾,合作媒体也会做深入的专题策划和报道;相关的组织部门会举行动员会,宣传大赛的基本情况。

大赛通过网络平台进行全程直播,官方媒体、网站及合作的媒体会时刻对比赛进行动态更新,在微博、微信公众号等媒体平台以文字、图片、视频的形式向外展示;对获得比赛优异成绩的单位予以公布并对其参赛成果进行报道和巡展,展示参赛企业风采和企业家故事,挖掘其背后的企业文化和企业家精神,同时宣传企业理念、企业所从事的领域及参赛产品等,汇集各方专家对大赛的评价,引起大众关注。

4. 应用链条

创新创业大赛是一种鼓励科研人员将科研成果进行市场化尝试的机制,可以为创业企业提供包括政府服务、资本支持、市场化辅导等全方位的帮助,补齐科创企业的短板,加快科技成果转化的效率,使科技和经济发展更紧密地结合。

参加创新创业大赛的企业或团体均是以创新为主导的中小型单位,创新创业大赛就是通过自身平台将优异创新作品经政策、金融、服务等手段最终实现市场化,实现从创新到创业的转变。创新型单位出于不同的目的通过大赛能够做到:

其一,通过平台展示自身产品,对于存在耦合、能够相互补充提升的微观单位实现对接,使之能够得以创业和再创业。

其二,通过展示自己的作品,利用自己特有的创新品质吸引到金融机构和风投机构的注资,从而实现自身的良性持续发展。

其三,那些目前还不成熟,但市场前景广阔的产品或企业可以得到孵化器式的帮扶,获得创业服务中心提供的物理空间和基础设施,这样便有利于降低市场风险和经济成本,提高企业的成功率。

其四,通过参赛,获得良好的品牌效应或者政府的政策扶持,从而实现正向的大赛组织经济外部性。

综合来说,创新创业大赛能够实现政、产、学、研、用、金等部门的协同合作、应用,从而能够实现其宗旨和对国民经济的良性驱动作用。

（二）链式合成机制

创新创业大赛品质的提升需要在大赛基本运行机制的基础上，构造大赛的链条式运行，打造创新创业大赛的开放式链条生态系统，提升整体服务能力，推动社会整体的创新与创业。

大赛链条通过链条螺旋形成合力，打造大赛的多链条开放式生态系统，这种开放系统既是结构内几大链条的合成系统也是对系统外多元因素吸收系统，大赛链式运行如图 5-2 所示。

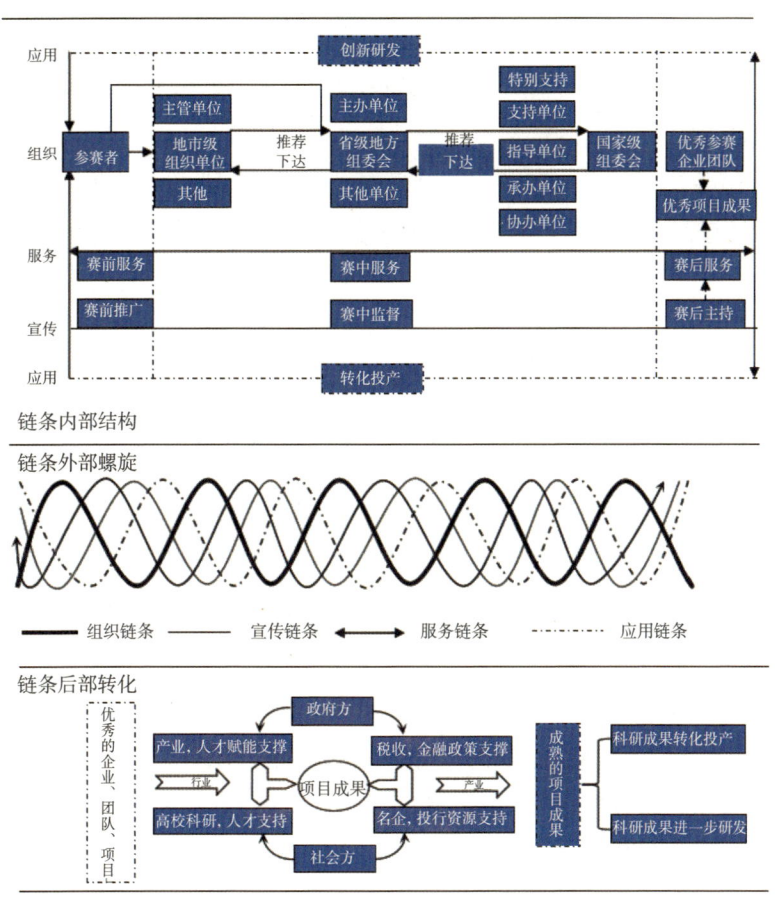

图 5-2　创新创业大赛链式运行分解

大赛的链条包括组织链条、服务链条、应用链条、宣传链条，它们在各自的位置发挥着不同的作用：其中组织链条是大赛链条机制的核心，组织链条中的各个节点中的单位是支撑大赛举办的主要力量和大赛发展的中坚推动力；大赛的服务链条是大赛的品质支撑，整个服务链条会贯穿大赛的前、中、后各个部位，以精准的、专业的服务推动着创新创业大赛的运行；应用链条的形成是大赛的目的之一，通过"以赛代评"筛选出优秀的企业和项目，然后以实际生产力为目的将项目落地；宣传链条是大赛实现最终战略目的部署，后期的创新创业文化、品牌形象的传播需要靠此完成。

掌握大赛的运行机制除了要掌握链条的功能定位，还要掌握其运行的机制。大赛的链条式运行机制需要从组织方式、运行方式、合作方式3个方面分析。

1. 组织方式

大赛链条式运行需要有科学的组织方式，透过大赛的组织机构链条可以看到政府部门是链条中的主导力量。但是要实现大赛多链条机制的良性运行和协调发展，只依靠政府各部门的力量是远远不够的，需要整合更多的社会力量，动员媒体的力量、资本的力量、社会组织的力量等。政府和社会各方力量联合参与，从赛事组织、媒体宣传、专业服务、成果转化几个方向，共同推动大赛达到理想的经济和社会效果。

创新创业大赛需要将政府力量和社会力量组织在一起，通过合作、对话、协商、沟通对政府资源和社会资源进行整合。纵向而言，创新创业大赛需要将国家级、省级、地市级3个层面的组织力量和资源整合；从横向组织的角度来说，政府需要协同社会各方力量，做到政府和社会力量协同办赛。

2. 运行方式

链式运行机制除了将政府和社会力量联合，还需要多方力量上下齐动协同运行，才能保证赛事活动的良性运行和协调发展。链式运行是政府力量和社会力量协同推动科研成果向生产力转化的过程，这个过程中需要组织方、服务方、媒体方三方合力参与，这就推动了大赛链条螺旋式运行。

就组织力量而言，国家级赛事的组织力量需要同地方赛事的组织力量密切沟通、互通有无，在赛事心得、新需求、新困难上及时交流快速转化；就顶层设计而言，紧跟党和国家的战略部署，国家有关部委和省市有关部门联合对赛事的内容和方式进行科学合理的设置；就社会力量而言，企业资源、投行资金、专业服务，不能只图规模大、数量多，同时还要注重这些资源与创新创业企业的匹配度，通过政府推荐、市场化对接等形式为中小科技企业匹配创新创业资源，真正实现政社协同、优势互补。

3. 合作方式

合作方式是指大赛各方参与力量之间以何种关系或者方式去行动，不仅仅指参赛企业，还应该包括为大赛提供支持和服务的各方。政府方和社会力量是协同联合的关系，这种合作关系具有以下特点：首先，大赛的各方参与力量应该是全方位、多角度为企业创新创业提供重叠、螺旋式的助推动力；其次，在协同合作中政府的作用范围和方式得到重新定义，政府和社会力量的关系具有包容性和调和性；最后，政府层面和社会力量的协同合作不应局限在一次赛事活动，而是一个持续性的过程，这种合作关系在赛事结束后依然能够推动创新创业活动的发展。

就具体而言，要实现创新创业成果的转化，需要政企产学研协同推进：政府提供税收、金融等方面的政策支持；企业要以现实生产力为目标，结合行业需求不断创新研发；高校科研机构要聚焦科技前沿，着重技术研发和人才培养；就产业而言，要创新产业模式寻找更加适合企业发展的合作方式，以科研机构、高校的人才、研究成果输出作为企业发展的原动力。

（三）奖励引导机制

大赛的运行机制是静态规则和动态执行的结合体，在互动关系和制度制定上需要考虑到行动层面的问题，要考究具体的行动方式、激励策略等。大赛评审的科学性和合理性，奖励激励的正向示范效果都是奖励引导的重要方面。

1. 评选标准

中国创新创业大赛自成立以来，为了真正地实现鼓励参与，评选的标准也

在不断调整。大赛参赛分组类型经历了由开始的初创企业、成长企业和创业团队3个分组到后来企业和团队两个分组，再转变为初创企业和成长企业两个分组。评价晋级标准也围绕着参赛企业的行业及市场、技术和产品、商业模式、核心团队、财务状况等多方面进行考评，结合各参赛主体市场水平的不同，在设计权重系数方面进行区分。具体的评审标准包括以下方面。

第一，行业和市场。参赛项目类属于哪个行业，包括其产业背景、市场前景、市场供需和竞争状况、项目之创新性和先进性，需要对项目的行业发展进程、主要玩家、技术阶段都有总体的了解，在行业中评价项目。

第二，技术和产品。参赛产品采取了何种技术手段，技术和产品的特征如何、技术的来源、其为原创还是参考，目前应用处于什么样的发展阶段，技术的市场前景是怎么样的。

第三，商业模式。包括参赛产品的价值定位、市场定位、成本结构和竞争手段，盈利和运营模式等，用市场的眼光考察产品的商业模式和前景。

第四，核心团队。参赛团队的人员组成数量和基本情况，包括成员教育背景、科研和资质状况，团队人员的组成结构和管理模式。

第五，财务状况。参赛的团队提供其近几年的营收状况和财务报表，在充分考虑了不同区域、行业参赛者的企业发展及市场水平做出适当调整，这对于不同区域和行业的参赛者来说是公平的。

整个大赛历经初赛、复赛和决赛3个阶段，通过网络评审、现场答辩、尽职调查及公开路演等多种评比形式，比赛中专家评委现场打分，同时分数对各参赛团体完全透明，这样便能够确保大赛公开、公平、公正地进行，最终一定会评选出一批科技含量高、经济效益好、市场前景广阔的优质创新产品和企业团队。

2. 具体评审方式

就具体的奖励标准而言，全国创新创业大赛和地方创新创业大赛的标准是存在差异的，这与当地的经济发展状况和对创新创业的支持力度是分不开的。以河北省创新创业大赛初赛、复赛、决赛标准为例来了解大赛具体的支持力度如何。

（1）初赛评审

一般来说，大赛初赛参赛团队的基数是比较大的，这种情况下评委会通过纸质材料和网络报名信息进行评审，通过划分独立的评分标准，把参赛单位划分成几个等级，对每个等级采用明确的定义来阐释该标准，而后根据标准对参赛项目进行评估，最后根据具体比例或数量择优推选进入下一阶段比赛。具体以河北省近3年的评审举例来说明：

2016年7月，河北省第四届创新创业大赛初赛评审在石家庄市举行。初赛由技术专家、创业投资专家组成专家评审组，对通过审核确认的企业组项目385项、团队组项目341项，按6类技术领域进行分组评审，经审阅、讨论、评分和汇总，形成项目初赛成绩。最终182支企业组和147支团队组参赛队伍入围晋级名单。

2017年，河北省第五届创新创业大赛报名数量达2074家，其中科技型中小企业485家，创新创业团队1589家，总数为上一年度的2倍多，再创历史新高。经过网络审查、遴选，共有37家成长组、32家初创组、145家团队组，合计214家项目单位进入复赛行业赛。

2018年第六届河北省创新创业大赛的初赛模式采取的是网络评审和有条件的地市级举办的相关大赛推荐优秀项目相结合的评审方式。共3606家科技型中小企业和创新创业团队报名参赛，历经审核推荐、初赛、公示等环节，共387支参赛队伍晋级行业赛。

综合来说，初赛的评审是对项目的初步筛选，筛选出一定基数的企业参加省级创新创业大赛的复赛，初赛获胜企业的评审更多的是看重项目的潜力，评审的标准相对复赛和决赛来说并没有那么苛刻。

（2）复赛评审

中国创新创业大赛第一届举办的时候并没有分行业、分赛区进行，而后实行改革，采取的是分行业的地区赛制，各地根据大赛相关的比赛制度和标准，分行业独立地进行比赛，地方赛区通过初赛和行业赛，根据具体情况推选出一

部分获胜项目进入国家赛区,其他项目进入本地的省级决赛,地方的复赛即为行业赛。

行业赛采用的是"现场答辩、当场亮分"的方式进行评选。这种评选主要通过参赛单位进行PPT演示、样品示范、现场讲解等答辩和现场路演的方式,通过向评委会人员阐释自己的产品项目,并接受提问和答辩,从而让评委能够更加深入地了解。而后评委会根据规则和标准,给出相应的评分。就目前来说,大赛一般会采取"8+7"或"10+5"的模式,即8分钟演示,7分钟答辩模式或10分钟演示,5分钟答辩两种模式。通过这种方式,胜出的项目或者作品会晋级到地方大赛的决赛或者推选到国家大赛的总决赛。

2016年河北省第四届大赛共有329家单位进入到复赛阶段,经过激烈的竞争和层层选拔,共有25家企业组、16家团队组获得专家推荐一等奖,并成功进入到决赛;24家企业组、16家团队组获得二等奖;126家企业组获得三等奖。2017年河北省第五届大赛,总计214家项目单位进入复赛,各单位,最终有99支队伍进入到决赛当中。2018年河北省第六届大赛,总计3606家科技型中小企业和创新创业团队报名参赛,历经初赛、行业赛和行业决赛,最终10支队伍晋级总决赛。

为保证评审的科学性,河北省将复赛与初赛的评审成员差异化选定,避免初赛评委和复赛评审相同的情况。

(3)决赛评审

决赛分为国家级总决赛和地方决赛,均是独立进行的行业赛,决赛由来自技术、创投及管理等领域专家组成评委组,公证人员全程监督,根据比赛的主题和相同的评价体系和标准,采取面对面答辩、现场亮分的方式,也会邀请各个行业的精英前来助阵指导。以河北省创新创业大赛决赛评审为例:

2016年第四届河北省创新创业大赛,共有41家单位进入到预决赛、20支队伍进入总决赛,最终中冶京诚临港重型装备有限公司、河北安迪模具有限公司等4家企业(团队)获奖。其中,中冶京诚临港重型装备有限公司获企业组一等奖。

2017年，河北省创新创业大赛按照大赛工作方案，经审核、初赛、复赛和公示等环节，最终99支队伍晋级预决赛、20支队伍进入总决赛。大赛组委会根据此次决赛成绩和答辩效果，经过激烈角逐，河北伊维沃生物科技有限公司的"多种新型类人化心血管疾病仓鼠模型的研发"项目摘得总决赛桂冠。

2018年第六届河北省创新创业大赛决赛分总决赛预赛和总决赛。总决赛预赛采用参赛企业20家，晋级数量10家，晋级率为50%，评委专家为5人。总决赛同样采用"现场答辩，当场亮分"的评选方式，参赛企业为预赛晋级的10家，分别评选出冠、季、亚军各1名，评委专家27名。最终廊坊市智恒机器人科技有限公司获得冠军。本届大赛决出的冠、亚、季军将分别获得100万元、90万元、80万元专项奖励，第4名至第10名将获60万~70万元奖励不等。

大赛获奖企业和团队将择优推荐参加中国创新创业大赛总决赛，同时，获奖企业和项目优先列入河北省科技型中小企业技术创新资金资助计划。

参考文献

[1] 姜桂红. 产教融合背景下职教集团校企合作运行机制研究[J]. 大学教育，2018（11）：225-227.

[2] 闫莹，鲍栎月，王仰东. 中国创新创业大赛下的科技型中小企业融资问题[J]. 技术经济，2018（3）：73-79.

第六章

"三位一体"

一、"三位一体"的理论基础

(一)中心—边缘理论

1966年,美国经济学家约翰·弗里德曼(J.R.Fridemna)在其著作《区域发展政策》(Regional development policy)中正式提出核心与边缘理论。[①]

1. 理论内涵

从内涵看,中心—边缘理论将任何空间经济系统分解为不同属性的核心区与外围区,分别作为空间系统的两个子系统,核心区能产生和吸引大量的要素,进而引发核心区空间系统的革新;边缘区作为与核心区相互依存另外一个子系统,其发展方向主要取决于核心区,二者的相互联系和作用,推动整个空间系统的不断发展。

2. 作用机制

从作用机制看,中心—边缘理论从空间上解释一个区域如何由互不关联、孤立发展的个体,变成彼此联系、互动发展的区域系统。核心区主要是经济活动要素在特定地理空间相互影响、相互作用而形成的向上发展合力,以此不断扩大经济活动系统的影响范围,进行围绕着中心区形成与其相互呼应、相互联系、相互影响的外围活动带,形成良性运行机制,进而推动经济活动范围不断扩大,

---

① 刘崇献,柴南楠. 北京市在京津冀都市圈的经济辐射能力研究[J]. 中国商贸,2013(17):12-14.

经济活动影响力不断增强，经济活动整体水平不断提升。

中心—边缘理论是从空间上论述中心区对边缘区影响的，但实际上这一理论对创新创业大赛也有指导价值。有两个维度：从空间维度来看，举办地的创新创业大赛活动，将对周边区域、相关市县等产业涉及影响；从活动内容角度看，创新创业大赛通过平台，涉及创新创业的一系列活动，包括促进企业研发、科技成果转化、人才激励、科技服务、科技金融等。

（二）创新扩散理论

创新扩散理论是信息传播研究的经典理论之一，美国学者埃弗雷特·罗杰斯（E.M.Rogers），与休梅克合著出版了《创新扩散》（*Diffusion of Innovations*）一书，在考察创新扩散的进程和各种影响因素的基础上，总结出创新事物在一个社会系统中扩散的基本规律，提出了著名的创新扩散"S"曲线理论。

1. 理论内涵

创新扩散理论将创新扩散的过程分为知晓、劝服、决定、确定4个阶段，并提出了"创新扩散"的基本假设。罗杰斯认为，创新是一种被个人或其他采用单位视为新颖的观念、实践或事物；创新扩散是指一种基本社会过程中主观感受到的关于某个新事物或新技术的信息传播，通过一个社会构建过程中将某创新的意义逐渐显现。其中，创新扩散过程中包括对象、创新意识和行为决策及实施过程，这与创新创业大赛运行过程有很多相似之处。

2. 创新扩散过程

创新扩散过程从本质上讲是创新意识或信息的传递过程，主要包括创新对象创新意识的产生、行为决策及扩散效应几个环节，呈现出"S"形曲线扩散模式（图6-1）。

一是从创新扩散的对象看，主要包括大胆热衷于尝试的创新者、早期采用者、早期众多跟进者、后期众多跟进者、滞后者。

二是从传播过程看，包括创新意识和策略的获知、说服、创新活动的决定、实施和确认几个环节。

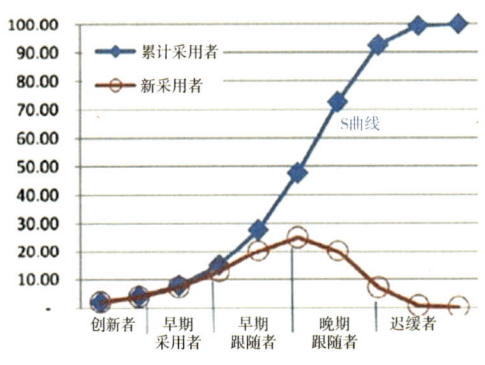

图 6-1 创新扩散过程

从图 6-1 可以看出，第 1 阶段为创新发起阶段，即创新扩散过程由早期的创新者发起，第 2 阶段由早期应用者采用并扩散，第 3 阶段早期的跟随者加入并继续扩散创新信息，第 4 阶段晚期的跟随者进入，到第 5 阶段信息滞后的进入，完成了整个创新扩散过程。通过本理论，可以深入研究创新创业大赛的本质特征、直接效应、间接效应，以及由此带来的推动经济社会发展的重大作用。

（三）系统结构理论

1. 理论内涵

彭加勒的数学思想与胡塞尔的现象学最早开创了现代的系统综合方法，不同学科对系统结构理论的概述稍有不同。一般而言，系统结构理论主要是指立足于系统的结构本原模型、适应稳态结构、系统层次的组织建构，以及实在系统与符号系统对应转换关系，探讨系统科学的逻辑学基础，以及宇宙、生命、文明的信息组织化过程的结构演变规律，并提出经验论与理念论的结合形成实验方法论、原子论与整体论的渗透构成系统方法论。[①] 这一内涵侧重系统结构论的分析方法。

2. 理论原理

系统的结构逻辑包括恒在、存在、演在 3 个公理；泛稳定、泛互作、泛结构、泛相对、泛组织、泛惯性 6 个原则；相容性、适存性、波动性、交汇性、协变性 5 个原理和整合律、调适律、组构律，上述原理分析自然界各个系统结构，

---

① https://wenda.so.com/q/1371390771062508.

尤其是生物系统结构，为分析各类经济活动结构系统提供了很好的研究借鉴。

（四）生态系统理论

生态系统理论，是发展心理学领域中的领导性理论，有时也被称作背景发展理论或者人际生态理论，将人际关系分成了4套依次层叠的环境系统，包含微观系统、中间系统、外层系统、宏观系统、时间维度几个层次。

①微观系统（microsystem），是指个体活动和交往的直接环境，这个环境是不断变化和发展的，是环境层的最里层系统。

②中间系统（mesosystem），是指依托各微系统之间的联系或相互关系形成的，对环境产生相互影响的系统。

③外层系统（exosystem），是指某些个体并未直接参与但却对个体的发展产生影响的系统。

④宏观系统（macrosystem），是指存在于以上3个系统中的文化、亚文化和社会环境。实际上是一个广阔的意识形态，规定了如何对待社会经济活动主体应该努力的目标。在不同文化中，这些观念具有不同性，但是都存在于微系统、中系统和外系统中，直接或间接地影响活动参与者的信息获得。

（五）扎根理论

扎根理论是格拉斯（Glaser）等提出的一种研究方法，主要是指在系统收集资料的基础上寻找反映社会现象的核心概念，然后通过这些概念之间的联系建构相关的社会理论。

1. 理论内涵

扎根理论是基于丰富的研究资料和研究数据，从下而上建立理论的一种研究范式。该范式的核心是在对研究资料和数据分析的基础上提炼出理论，数据分析的过程以理论归纳为主，辅以理论演绎，资料的收集与更新可以同数据分析过程同时进行，连续循环，在理论构建部分，数据分析尤为关键。程序扎根范式将研究资料的分析过程细分为3个步骤：开放式编码、轴心式编码、选择

式编码。整个编码过程是分解现象，概念化现象、并以适当的方式将现象抽象为概念、范畴的过程。整个过程需要将现象归纳为概念理论，又要从理论分析现象。

2. 过程步骤

作为扎根理论的第 1 步就是开放式编码，用客观的数据进行概念化转换，研究者可以从原始数据中获得初始编码，将原始数据信息都反映出来。第 2 步是主轴编码，可采用"条件—行动—结果"的逻辑关系总结归纳与第 1 步初始概念之间的关系，通过一定的逻辑关系将两者联系起来就可以得出最终的结论。

二、"三位一体"的内涵与意义

创新创业大赛作为一个聚集创新资源、创业主体、创造成果的社会经济活动，构建起了以品牌、平台、机制"三位一体"相互作用、相互支撑、良性运行的创新创业运行体系。

（一）"三位一体"的内涵

1. 基本内涵

系统动力学是将信息反馈概念应用于社会经济系统，20 世纪 50 年代后期主要被用于企业管理，解决企业生产和销售过程中的原材料供应、生产、库存、销售、市场等一系列问题（许光清 等，2006）。[1] 所谓系统，是指由一个相互区别、相互作用的各个部分有机联结在一起，为同一目标而完成的某种功能的集合体。从系统的内涵看，一个系统由单元、单元的运动和信息组成。单元是指系统存在的现实基础，而信息在系统中发挥着关键作用。依赖信息，系统的单元才能形成结构，单元的运动才能形成系统的行为与功能。

---

[1] 许光清，邹骥. 系统动力学方法：原理、特点与最新进展[J]. 哈尔滨工业大学学报（社会科学版），2006（4）：24-26.

2. 系统架构

从系统架构看，当一个物体（系统）受3个共点力作用而平衡时，这3个力的向量，按首尾相接，必定构成一个封闭的三角形，这就是力的三角形法则，也是最稳定的结构。系统内外要素综合作用形成支撑系统运行的3个共点力，支撑整个系统处于良性运行状况，以保证系统在外界环境影响下保持结构稳固和运行平稳。河北省创新创业大赛受到系统理论的启发，结合系统运行的三角力学结构，提出创新创业大赛"三位一体"理论，即品牌、平台、机制，通过3个点来支撑创新创业大赛，形成稳定性强的大赛系统。

3. 主要特征

从系统内涵及力学运行原理看，系统的稳定运行表现出3个明显特征。

一是要素的有机融合性。系统中的各构成要素之间构成"和则其美，分则两伤"的关系，即系统内的各个要素通过系统内某种特定分工、运行体系、交流媒介和机制制度等要素与外界因素相互交流、相互作用，形成系统内功能明确、分工协作、优势互补、有机联系的子系统，这些子系统承担着系统的不同分工和功能，形成整个系统的结构、功能和组织分工，通过子系统之间的连接、融合与优化，构成了更加完善的系统集成，形成了完整的系统结构。

二是结构的稳固性。系统内各个要素的有机融合形成支撑系统运行的3个固定支点的作用力，这3个作用力分别承担着系统本身的动力支点、与外界交流和自我展现的合力支点、维持系统运行和功能实现的保障力支点，这3个点构成了"三位一体"力学结构，也决定了系统内部的运行结构具有稳定性，既可以形成系统内部的闭路循环，也可依托外界媒介载体与系统内部之间形成内外循环。

三是动态增进性。系统作为一个运动着的有机体，不仅作为一个功能实体存在，而且作为一种运动形态存在。系统中的子系统为了适应外部社会经济发展形势，必须不断地完善和改变系统功能，系统内部的各子系统按照整个系统功能需要而不断调整优化内部要素结构，在适应外部环境的过程中实现更高水平的发展。

创新创业大赛
品牌 平台 机制

（二）大赛"三位一体"的提出

从系统论看，创新创业大赛作为一个融合组织者、参与者、服务者、宣传者在内的赛事系统，品牌、平台、机制相互联系、相互作用、有机统一，共同构成了创新创业大赛良性运行的基础架构，支撑着创新创业大赛的运行，也是创新创业大赛的动力基础。

1. 大赛"三位一体"的内涵

从内涵与外延来看，如果把"三位一体"中的平台、品牌和机制比喻为一个人的结构，那么平台是现实载体；品牌是一个人的表象、形象，既包括直观的外表、形象，也包括了由内而外溢出的文化内涵、本质特征等，是内在实体的外在化表现，通过形象传播系统而传达到社会各界，所以，品牌其实是平台整体形象的外在化，是由大众得到的平台传播出来的信息而树立起来的；机制是人的神经系统，包括血液和神经网络，是指挥人如何行动的中枢，机制是否完善，直接关系到资源、载体、组织的优化程度，也影响着品牌的影响力和竞争力。

一个有着旺盛生命力和可持续发展力的创新创业大赛，是把平台的载体能级、品牌展示效应、机制运行效应有机融合为一体，同时包含多种要素、多种条件、多种约束变量后建立的有序的系统结构。它不仅仅表现为单一的、独立的赛事活动，而是一个涉及政府和企业、公众和媒体、制度和道德等多个方面的完整有机整体，这些系统要素综合作用，不断推动着大赛向高水平发展。

2. 大赛"三位一体"的构成

品牌、平台、机制作为大赛的核心构成，通过"三位一体"生成相应的作用机制，推动大赛良性运行（图6-2）。

（1）大赛"三位一体"的资源整合

创新创业大赛作为展示创新创业者风采和创新成果的平台载体，通过举办赛事，带动了各领域创新创业要素向大赛聚集。在大赛活动中，组织者为各领域创新创业群体提供展示的平台，一定程度上实现了创新资源信息供需的有效对接。大赛的核心层就是赛场风采展示，参与大赛的群体不仅包括政府、企业、

图6-2 创新创业大赛"三位一体"

媒体、服务机构,也包含广大社会民众,企业和创新团队纷纷将代表行业前沿的技术产品或项目参赛,一方面企业和创新团队展示的过程就是自我宣传和市场推广的过程;另一方面自我展示的过程也是市场供给与需求有效对接的过程,赛事活动中参与群体来自于各行各业,其中包括与参赛产品研发过程中融资、服务等相关的服务机构,通过大赛这个平台,实现了创业者需求与信息、资金、服务等供给的有效对接,进而实现了资源配置的帕累托最优。

(2)大赛"三位一体"的示范带动

作为创新创业大赛活动,在"三位一体"力学作用下,河北省创新创业大赛已具备了强大的品牌性,所拥有创新资源和信息的独占性和企业独享的政策优势,为其影响力的强势传播奠定了基础。

从导向性看,创新创业大赛的最终目的是通过创新创业赛事活动的举办,解决科技型中小企业成长中的各种难题,引导全社会创新创业氛围。创新创业大赛能够涵盖行业领域最新信息,特别是行业领域科技创新的新动态和前瞻性成果,进而推动企业、创新团队创新创业质量的提升。

从大赛品牌影响力看,创新创业大赛已经得到了社会各界的认可和肯定,也正因如此,随着大赛品牌影响力的不断提升,会吸引更多高水平的创新团队和高质量的创新成果参与到大赛中,竞赛中胜出的佼佼者不仅会享受到大赛带来的各种荣誉和奖励,也会对相关领域的创新创业者起到典型示范效应,整体创新能力的不断提升还将进一步推动大赛向更高水平迈进。

（3）大赛"三位一体"的优化效应

大赛"三位一体"运行机制直接关系到资源、载体、组织的优化程度，也影响着品牌影响力和竞争力。大赛实践层面的运行主要包括制度设计、组织活动、评估反馈和改进推广4个环节，各环节各司其职、相互配合。通过大赛资源的聚集和创新创业服务的供给，不断提升参赛者的能力和水平，进而提升大赛品牌影响力。创新创业大赛机制运行过程源起于制度设计，却不止于改进推广，改进推广也是在为大赛不断创新奠定基础，为实现机制化、流程化、规范化运行不断探索。

（三）"三位一体"的重要意义

1. 有利于明确大赛的重点与抓手，高质高效组织开展大赛

虽然大赛涉及方方面面，但通过明确重点，构建"三位一体"的运行体系，可以以重点带动一般、以核心带动外围、以顶层带动多级，实现联动发展。以一定空间地域为载体开展的创新创业大赛，作为一个汇集各种创新创业资源要素的平台载体，其本身就是一个创新要素聚集系统，并围绕创新创业要素聚集这一核心区，与企业、团队、服务者、媒体及社会公众形成信息传递和反馈，逐渐形成以创新创业文化为主线的辐射带动区。从河北来看，通过连续几届赛事的成功举办，已经形成了以大赛品牌为导向的创新创业核心区，并且在大赛品牌的感召力下，不断将创新创业大赛理念向外输出，渗透到各行各业，激励着全社会参与到大众创业、万众创新活动中。通过创新创业大赛的举办，形成了以大赛为核心，辐射区域各行各业创新创业活动的良好发展格局。

2. 有利于推动大赛功能充分发挥，带动创新创业氛围更加浓厚

"三位一体"将大赛的有机构成明确提出并厘清之间关系，在充分发挥各自功能、作用基础上，实现整体优化。创新创业大赛的过程也是信息传播、反馈、再传播的过程。从信息行为学角度来看，创新创业大赛通过品牌的影响、服务的对接、政策的支持，不断提高企业和团队的创新创业能力。通过研究大量的参赛企业和团队的案例素材，不断提炼出典型企业创新创业的成功经验及影响

因素，为出台相应的支持政策提供重要参考。针对参赛企业，河北省创新创业大赛组委会专门做调查问卷，对获奖企业做跟踪调研。这些方法的应用，不仅可以为改善大赛本身的组织方式、运行机制提供参考，同时政府有关管理部门更好地了解企业的所思所想、困难症结，以出台有针对性政策来解决企业"成长烦恼"。

3. 形成稳定持续发展机制，促进大赛健康发展

创新创业大赛主要通过品牌的展示效应、平台的资源聚集效应和机制优化整合效应相互联系、彼此互动，共同形成大赛可持续发展动力。创新创业大赛通过系列赛事举办，全方位展示创业英雄风采和创新产品亮点，得到了社会各界的广泛认同，已经成为创新创业领域的名片和风向标。越来越多的科技型中小企业和团队依靠创新创业大赛这个品牌作为跳板不断发展壮大，进而会吸引更多优质企业参赛，推动整个大赛参赛水平的全面提升。大赛通过"三位一体"形成稳定的结构和持续发展机制，在不断创新、不断完善、不断优化过程中，实现健康持续发展。

（四）"三位一体"的运行原理

1. 由前端到后端的链条式伸展

从大赛筹备环节开始，包括赛事中比赛规程的设计、比赛环节的设计，到大赛的启动（大赛启动仪式、宣传动员活动），再到整个赛事活动，乃至最后的决赛，在整个过程中，通过组织者搭建平台，提供精准服务，不断地树立和塑造品牌，完善运行机制和落实相关政策，形成了完整的大赛链条式运行体系。总体来看，大赛就是通过机制的运行，在整个赛事过程中不断塑造品牌、搭建并提升平台，为全省创新创业主体提供好的环境和服务，不断提升大赛整体水平（图6-3）。

2. 由核心层到外围圈层水波式扩散

创新创业大赛传递的是一种创新价值和理念，将最新的行业创新动态、最新的技术、最新的产品、最新的商业模式、最新的业态等不断向社会公众展示

创新创业大赛
品牌 平台 机制

图 6-3 创新创业大赛过程

推广,由大赛的核心层不断向外围层扩散,进而深入推动大赛理念不断成熟、大赛载体功能不断完善、大赛品牌不断升值、大赛影响力不断扩大,最终实现以大赛创新驱动发展的良性发展格局(图 6-4)。

3. 由低层次到高层次螺旋式上升

创新创业大赛作为一种社会经济活动,本身具有成长性。通过大赛实体构成层平台载体的推动、宣传展示的品牌驱动和运行保障机制的促动,形成了一种由低层次赛事活动举办向高层次创新创业引领的螺旋式上升发展路径,大赛自身在"三位一体"运行中也得到了升华。尤其是作为创新创业大赛中后台的保障机制,无论是评审、培训、服务和宣传等保障不断完善,加之组织者为大赛提供了全方位的资本对接、服务对接、政策鼓励等要素,使参赛者在大赛的舞台上得以施展,并最终让创新创业大赛形成自己的品牌(图 6-5)。

图 6-4 创新创业大赛逐层扩散图示

第六章 "三位一体"

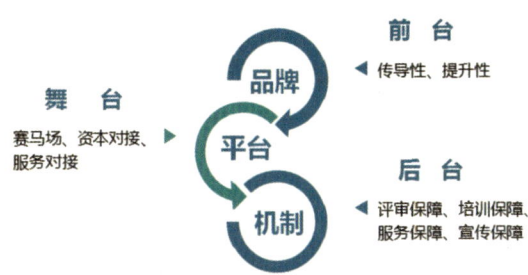

图 6-5 创新创业大赛螺旋式上升

三、"三位一体"的良性运行机制

"三位一体"运行机制是指以强化领导力、创新力、协同力、凝聚力、文化力为手段，发挥大赛品牌对创新能力的提升机制、平台的社会资源网络效应激励和机制的保障性推动机制，不断提升大赛知名度、创新力（图6-6）。

（一）提升参与主体机制

创新创业大赛通过"三位一体"作用机制，不断提升了各类参与主体的能力水平。

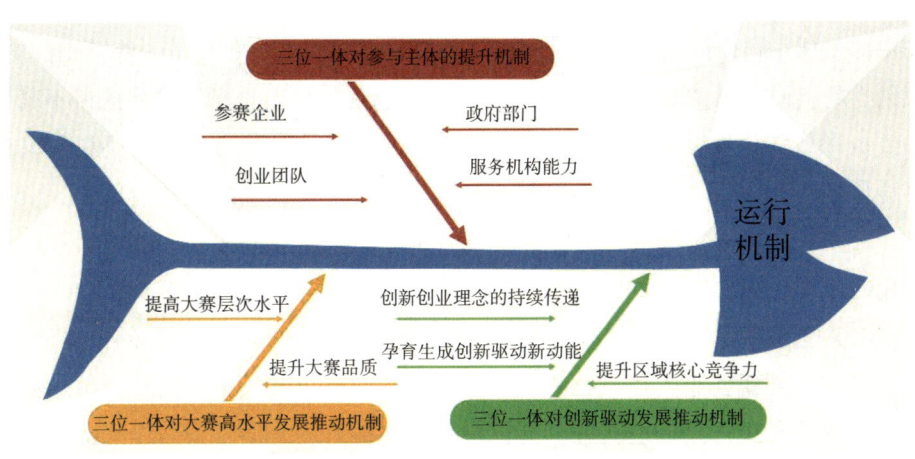

图 6-6 "三位一体"良性运行机制

135

品牌 平台 机制

1. 对参赛企业的提升机制

对于企业来说，河北省创新创业大赛是对技术、产品、商业模式、创新能力、市场前景等方面取得显著成绩的科技型中小企业的认同、奖励和表彰。

一是在参赛平台展示、交流与指导中提升企业团队的创新能力和整体绩效。创新创业大赛凝聚着企业精神和信誉，在参与大赛的过程中，通过追求一个共同的目标，增强了团队的驱动力和凝聚力，激励组织全体员工更加努力改进，提高组织的整体绩效水平。同时，企业在自我展示过程中也具有隐性广告效应，在一定程度上扩大了企业的知名度、扩大了品牌的溢出效应。

二是得到了创业导师的指导和评价。在参赛过程中，创业导师和专家组会对每一个参赛企业和团队进行客观、系统的资料评审和现场评判，并对企业和团队进行现场指导，为企业和团队的提升、发展起到关键性的指导作用。

三是获奖激励效应对企业的提升。参赛者参赛的过程是对企业创新创业的一个最好、最有效、最完善的绩效评价方法。这一奖项的价值不仅在于赢得荣誉，更在于"创奖的过程"。同时把个人、核心团队和公司产品的影响力都通过大赛得到提升。

四是大赛整个链条的不断增进。从横向扩散与传播中增进，从部门、中介机构、产学研服务中增进等。科技成果来源于科研活动，而目前我国科研活动的主体主要是科研院所，企业科研活动相对来说比例还小，尤其是一些基础性的、原创性的科研成果主要来自科研院所的科研人员，所以出现了产学研连接不紧、科技成果市场化程度不高等问题。创新创业大赛是一种非常好的鼓励科研人员将科研成果进行市场化尝试的机制，可以为创业企业提供包括政府服务、资本支持、市场化辅导等在内全方位的帮助，补齐科创企业的短板，加快科技成果转化的效率，推动科技和经济发展更紧密的结合。

2. 对创业团队的提升机制

河北省创新创业大赛为各高校师生创新创业提供了沃土，为展示师生创新成果提供了平台，大赛也促进了高校创新创业教育的全面发力。以华北电力大学为例，先后出台了大学生创新创业训练计划管理办法等文件，以健全组织、搭建平台、营造氛围、规范管理、有效实施为工作思路，从制度、经费、师资、条件等方面入手，将大学生创新创业训练计划打造成为大学生自主学习的助推器、大学生想象力和创造力的发源地、大学生知识和技能融会贯通的熔炼炉、大学生优秀成果的培育沃土、大学生专业学习和成长成才的实践乐园，构建出具有学校特色的创新创业人才培养模式，营造出适宜发展创新创业意识与能力的人文氛围和科技环境，探索出一条开展大学生课外科技活动的成功之路。同时，大学还给参赛师生相应的绩效奖励，对优秀项目进入基地进行孵化，并按照国家及各级政府所制定的有关政策进行扶持，由大学科技园提供法律、工商、税务、财务、人事代理、管理咨询、项目推荐、项目融资等方面的创业咨询和服务，以及多种形式的资金支持。

3. 对政府部门的提升机制

在"三位一体"互动中，也提升了政府部门的管理水平及政策制定水平。在目前新技术、新产品、新组织形态、新业态、新模式、新主体等不断涌现的背景下，政府部门的管理也要精细化。通过创新创业大赛，不断创新办赛方式、模式，完善大赛功能和机制，可以出台更有针对性的政策，提升参赛者的能力和水平，在办赛的过程中，这些新趋势、新问题、新动向，将会激励政府部门不断提升办赛能力和综合服务水平。

（1）政府创新创业引导带动

政府通过大赛"三位一体"的作用机制，将企业家精神、智力资本、资源整合、创新氛围、关系网络及行业协会等要素进行优化整合，成为企业提升自主研发能力、生产制造能力、市场营销能力的支撑力。通过创新创业大赛的形式，为有能力、想创业的人提供了施展才华的平台，实现靠创业自立，凭创新出彩。参加大赛的有很多年轻的创业者，有刚走出校园的，有即将毕业的，他们在创新创业大赛的平台上可以得到最好的指导和帮助，可以预见，在这些创业者中将会诞生中国未来新的"马云""雷军""汪建"。

（2）组织服务水平提升

随着大赛规模越来越大，政府部门通过发挥大赛的发现功能、培训辅导功

能和融资对接功能，不断发掘、发现优质创业项目，助推科技企业和创新团队快速成长。随着一群朝气蓬勃的青年创业者奋力前行、随着一批优秀的创业项目脱颖而出，带动更多的年轻人将他们的创业项目的技术、资本与市场的结合向更深的层次推进，为河北省经济转型升级提供有力保障。

（3）促进优秀项目的技术创新及成果转化

创新创业大赛促进了一批中小型企业技术创新，使企业在最困难的时候得到了有力的支持和动力，增强了企业的创新能力。通过举办创新创业大赛，大力发展新兴科技，用科技创新和产业模式的革新来促进行业领域的产业升级；推动大数据、人工智能、科技文化艺术、科技公益慈善等前沿新兴科技的快速发展，促进互联网＋实体经济的深度融合；同时，通过大赛激发大学生、科技人员、科研团体和中小微企业的创新创业热情，提升社会创业就业质量。创新创业大赛还将针对大学生群体设立高校毕业生创业就业公益体系，利用大赛所融合的社会资源提升新时代大学生的创业就业能力。

（4）提高创新创业资源整合优化水平

政府部门依托大赛打造平台，可以实现创新、项目、资金、资源与人才的集聚与流通，推动实现合作、投融资及项目与人才的成长。随着新一轮科技革命、产业革命和新军事科技革命加速发展，国防经济和社会经济、军用技术和民用技术的融合度越来越深。参赛项目则聚焦高端装备制造、新材料、电子信息、航空航天、节能环保、核电关联、生物医药与海洋船舶等行业领域，属于军民两用技术范畴，符合国家和本省产业导向，且具备较强的创新性，军民深度融合有着良好的产业化应用前景和发展潜力。

4. 服务机构能力提升机制

大赛专业的策划宣传培训机构在大赛活动中不断提升办赛层次和水平。赛事期间大赛组委会办公室将组织配套活动，为获奖企业和团队免费提供多元化服务，主要包括辅导培训、融资路演、项目推介洽谈会等。大赛组委会将举办大赛启动会、动员巡讲会、大赛项目高质量发展论坛、创业英雄汇系列活动、优秀项目洽谈会、创业特训营、颁奖典礼等一系列相关活动。参会领导、专家、机构代表、项目代表等以心得分享、对话研讨等形式交流大赛的筹备、组织、举办、宣传等，并给出指导性建议，推动多方共同进步。

（二）提升大赛水平机制

1. 推动大赛层次的提升机制

河北省创新创业大赛通过"三位一体"运行，是以全球视野谋划和推动科技创新的一项活动，充分抢抓和利用京津冀协同发展、雄安新区规划建设、北京冬奥筹办重大机遇，通过大赛增强国内外创新资源的集聚能力。

大赛平台汇集了企业创业英雄、团队的创业资源、创业导师团队资源、金融机构服务资源及潜在的创新创业者。随着办赛规模的不断扩大，参赛项目和人才质量也进一步提升。从2018年的大赛报名来看，不仅吸引了近百支来自北京、天津、哈尔滨等地的高校、科研院所与创新团队参赛，更有10名院士直接参赛，开创了院士参与该项大赛的先河，涌现出一批国际领先、产业化前景广阔的创新创业项目。同时，大赛组委会邀请了来自省内外知名的行业专家、技术专家、大学教授、投融资机构负责人等担任大赛评委。参赛企业以具有创新能力和高成长潜力的科技型中小微企业为主，大多从事高新技术产品研发、制造、生产及服务等方面的业务。参赛团队以博士、大学生创新项目为主，包括具有创新思维的社会团体，具有创新创业大众化的显著特征。所以，创新创业大赛越来越呈现出高学历、高创新性等突出特征。

2. 对提升大赛品质的提升机制

（1）高层次人才的聚集、学习和交流

随着创新创业大赛规模的不断扩大，不仅推动了导师人才库的完善，也进一步优化完善了科技人才发展机制，包括积极培养大数据技术、人工智能技术、大健康、新材料技术和现代的交通技术等具有代表性产业人才，通过大赛的品牌号召力，吸引了一批具有国际视野的高端创新人才和团队。从对创新人才的支持来看，河北省设立创业导师专项扶持资金，支持创业导师开展创业辅导创业投资，对成绩突出的创业导师给予相应的资助、补贴及奖励，并授予河北杰

出创业导师称号，同时纳入河北省高层次创业人才管理序列。对带技术、带成果、带项目在冀实施科技成果转化的高层次人才、创新团队，成建制纳入河北科技英才、双百双千推进计划，给予100万元的研发费用支持。

（2）资金政策的服务与支持

为了提高企业融资能力，除了大赛本身设置了奖项和奖金外，对河北省创新创业大赛决赛和总决赛中获奖的部分项目进行了跟踪和辅导，获奖企业可以优先申报省级科技创新方面的项目，加强金融机构对获奖企业的支持，帮助这些项目的产品或服务做得更加成熟和完善，市场化和商品化程度更高。大赛通过整合银行、证券、担保、投资、管理咨询等金融及金融服务机构资源，为科技型中小企业提供一站式的融资及融资服务解决方案，为企业提供生命周期全覆盖的专业化服务。

（三）驱动区域发展机制

大赛"三位一体"的良性运行，带动创新创业热情，新技术不断创造，新产业不断生成，新模式不断出现，创新企业不断涌现，创新的核心动力逐步体现，创新驱动发展成效显著。

1. 创新创业理念的持续传递

推进大众创业、万众创新，是培育和催生经济社会发展新动力的必然选择，是扩大就业、实现富民的根本举措，是激发全社会创新潜能和创业活力的有效途径。创新创业大赛不断传递创新创业信息，培育创新创业的文化土壤，树立新时代创新创业精神。创新创业大赛通过宣传推广，让更多的人了解创新创业，让千千万万的创业者活跃起来，汇聚成经济社会发展的巨大动能。从系统论的作用机制看，河北省创新创业大赛品牌作为形象表征，将创新创业的新思想、新理念、新动态及优良的创新创业资源和项目展示传播出去，让更多的社会资本和投资商了解河北发展目标，以及蕴含的发展优势和强大的科技人才、技术、平台支撑，吸引更多的资本、人才、项目落户河北。

2. 孕育生成创新驱动新动能

大赛通过"三位一体"运行机制的整合作用，可以更好地发挥出个体优势，实现规模发展的正向循环。河北省创新创业大赛为创业者们打造了"创新成果养育＋创业加速＋实体孵化"一体化的孵化体系平台，不断加速创新成果转化。大赛通过精挑细选的同业者们汇聚，也是一次很好的产业链上下游的聚会，以创新激发人的潜能，以创业铸就成功的基石，创新创业大赛为创客群体搭建了更广阔的平台，结出累累硕果，让参赛的企业、团队有所收获，提升了全社会的创新创业水平。

从河北省创新创业大赛的参赛项目看，新旧动能转换、黑科技、原研药、打破国外垄断的项目层出不穷，不仅囊括了具有时代性的教育科技、光电科技等，还有新动能的代表，如机器人科技、环境工程科技等，同时还有生物技术、光子科技等。参赛项目一般技术实力强，商业模式可行，离实现价值更近，也是能够较快为企业乃至产业发展带来动力的项目，这些项目也是创新创业大赛的精品项目，代表着未来产业的发展方向，吸引着投资者和技术人才。而大赛获奖企业更是代表了行业领域的前沿技术水平，引导着创新创业的方向。

3. 提升区域核心竞争力

河北省创新创业大赛已经打响了品牌，作为河北省内规格最高的赛事活动，推出的获奖项目都是行业内先进水平的代表，对全省创新创业具有引领示范作用。通过大赛的持续举办，将会不断提升区域创新创业水平，提高经济发展的核心竞争力。创新创业大赛是为参赛选手提供的一个锻炼自我、展示自我、成就自我的平台和载体，通过项目参赛带动战略性新兴领域的企业和团队不断投身到项目研发过程中，不断创新思路、创新技术、创新产品，进而抢占行业技术领域前沿。随着大赛规模的不断扩大及参赛主体的不断增多，将形成河北省新兴产业领域一支强劲的创新队伍，对引领产业发展、赢得市场先机具有重要的促进作用。

参考文献

[1] 刘崇献,柴南楠.北京市在京津冀都市圈的经济辐射能力研究[J].中国商贸,2013(17):12-14.

[2] 许光清,邹骥.系统动力学方法:原理、特点与最新进展[J].哈尔滨工业大学学报(社会科学版),2006(4):24-26.

第七章

多重效应

创新创业大赛作为一项激发全社会创新创业活力和氛围的活动，在稳步推进中不断发展壮大，社会影响力、美誉度不断提升，为企业发展和社会进步带来了多重积极效应。

一、直接效应

（一）企业和团队成长

1. 企业参赛热情高涨

本着"赛马场上选骏马"的原则，河北省创新创业大赛旨在通过"参赛"选出行业科技创新的领军企业，并以此带动全社会创新创业热情。随着大赛持续举办和品牌力的影响带动，已经吸引了越来越多的创新创业者参与到大赛活动中。2017年河北省第五届创新创业大赛参赛企业和团队超过2000家，直接参赛人员近2万人，是第四届创新创业大赛参赛人员的2倍、首届大赛参赛人员的7倍。2018年第六届大赛参赛企业和团队超过3600家，直接参赛人员近3万人，总数比2017年增长了50%，经过层层选拔，共有387支队伍、近2000人参加面对面答辩。通过大赛举办，在全社会营造了倡导创新创业、参与创新创业、支持创新创业的浓厚社会氛围，激发了大众创业、万众创新的热情。

2. 大赛促进了企业不断发展壮大

为了较好地分析创新创业大赛对企业创新发展的促进效应，本书采用问卷调查法对2017年度、2018年度两届获奖的64家参赛企业进行跟踪调研。调查显示，河北省创新创业大赛对促进企业发展的效果明显。从销售收入看，参赛

前后获奖企业平均年销售收入提升明显，由1526.90万元增长到1806.42万元，增长了279.52万元，增长率高达18.31%。同时，也壮大了企业人员规模，参赛前后企业人员平均增加了5.6人，研发人员平均增加了2.7人（表7-1）。企业产品市场销售额度也获得了快速增长。由图7-1显示，销售额由参赛前的63 176.79万元增加到参赛后的119 139.86万元，增加了55 963.07万元，增长率高达88.58%。这说明创新创业大赛对企业发展壮大起到直接助推作用。

表7-1 河北省创新创业大赛参赛企业的规模变化及其影响效果

指标	参赛前	参赛后	企业平均增加量
年销售收入/万元	1526.90	1806.42	279.52
企业人员数/人	42.9	48.5	5.6
研发人员数/人	17.2	19.9	2.7

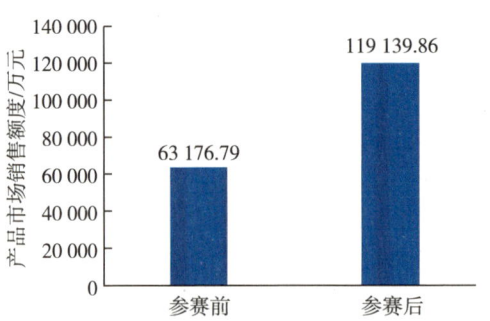

图7-1 参赛企业产品市场销售情况比较

3. 大赛有效提升了企业创新能力

参赛的过程是企业不断提升创新能力的过程。从参赛企业和团队的创新水平看，河北省创新创业大赛参赛项目和人才质量进一步提升。与往届相比，河北省第六届创新创业大赛不仅吸引了近百支来自北京、天津、黑龙江等地的高校、科研院所与创新团队参赛，也助推了企业和团队研发人员数量增加明显，在企业人员中的占比也有明显提高。参赛企业内研发人员占企业人员总数的比例已由参赛前的 40.17% 增加到 41.05%，各企业研发人员平均数量由 17.23 人增加到 19.92 人，技术人员由 6.63 人增加到 7.89 人（图7-2），这对科技型中小企业来说是一个长足的进步。

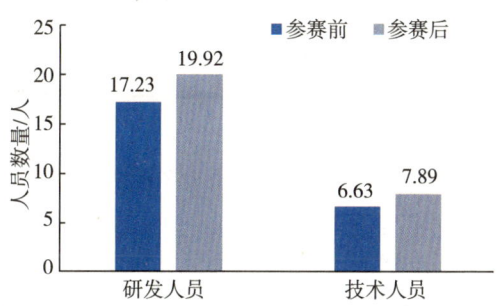

图 7-2　企业研发及技术人员变化情况

4. 大赛促进了参赛企业技术结构不断优化

创新创业大赛主要围绕战略性新兴领域设立赛种，引导企业不断研发战略性新兴行业高端前沿技术。例如，河北省第六届创新创业大赛参赛项目紧密结合行业发展需要和市场需求，在入围省级决赛的 68 家科技型中小企业中，包括电子信息、互联网、新能源及节能环保、生物医药、先进制造、军民融合、新材料等领域。其中，电子信息行业创业企业最多，达到 15 家，占比为 22.06%；其次是互联网企业、新能源及节能环保企业，均为 12 家；先进制造企业有 9 家（表7-2）。

表 7-2　第六届创新创业大赛企业所涉行业领域

行业领域	企业数/个	比例	入围省总决赛项目
电子信息	15	22.06%	4
互联网	12	17.65%	1
新能源及节能环保	12	17.65%	3

续表

行业领域	企业数/个	比例	入围省总决赛项目
先进制造	9	13.24%	1（总决赛冠军）
生物医药	8	11.76%	0
军民融合	6	8.82%	1
新材料	6	8.82%	0
总计	68	100.00%	10

经过大赛组委会评比，入围第六届创新创业大赛总决赛的有10个项目，体现了先进的知识和技术、前沿的动态和趋势，代表了河北省创新创业的最高水平。廊坊市智恒机器人科技有限公司"应急侦测特种机器人"项目摘得总决赛桂冠，河北东森电子科技有限公司获得亚军，河北华凯光子科技有限公司获得季军，分别获得100万元、90万元、80万元专项奖励。

（二）技术创新

1. 创新人才的引培

为推动以科技创新为核心的全面创新，加快建设创新型河北，2016年7月，河北省委省政府做出《关于加快科技创新 建设创新型河北的决定》。与此同时，在河北省科技创新大会上，根据中共中央《关于深化人才发展体制机制改革的意见》的总体要求，结合河北省实际，河北省出台了《关于深化人才发展体制机制改革的实施意见》。系列文件的出台表明，加快创新型河北建设是河北省"十三五"规划的重点内容之一。创新创业大赛的主要目的之一是发现人才、培养人才，打造一个供企业、团队与创业导师之间相互交流学习的平台，提高创新人才和团队的技术研发水平。企业和团队以项目为纽带，将研发技术人才、服务人才、管理人才、营销人才等与参赛相关的各类人才聚集一起，围绕技术创新、产品创新等加强学习交流，共同谋划，不断提升了科研团队人员创新创业水平。尤其是一些成长性科技型中小企业，自身已具备了一定的科技研发实力，通过参赛，可以吸引行业高层次人才进入项目中，不断壮大企业的科研创新人才队伍。

2. 研发投入的增加

大赛作为一个创新创业的平台，充分发挥了价值发现、培训辅导和融资对接功能，为河北省高科技中小企业的发展提供了展示自我、扩大影响的机会，进一步促进了企业创新创业的动力。从调查情况看，获奖企业研发投入由参赛前的150.99万元增长到225.37万元，增长了74.99万元，增长率达到49.87%（图7-3）。科技研发人员的增加，研发投入的增长，有效地助力优质创业项目的成长，企业年销售收入增加，由参赛前年销售收入1526.90万元，增加大1806.42万元，增长了279.52万元，增长率达到18.31%。增长的销售收入促进了项目科技研发投入的增长，项目资金投入增长了342.63万元，研发投入增长了74.89万元。研发投入占企业年销售收入的比例也由参赛前的9.85%增加到12.47%，增长了2.62个百分点；占项目资金投入的比例也由17.26%增加到18.55%，增长了1.29个百分点（表7-3）。可以说，通过参赛使得企业研发创新内生动力明显增加，研发投入增加反过来又引领了企业发展壮大，促进企业销售收入增长，进入一个良性运转过程，实现企业可持续发展。

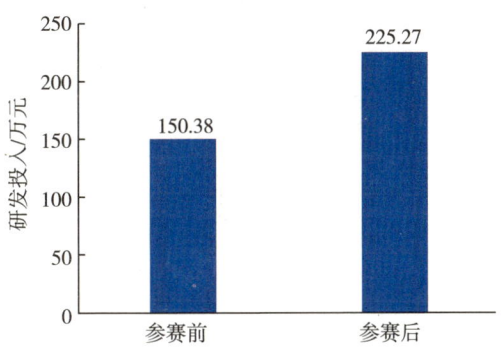

图 7-3 企业研发投入变化情况

创新创业大赛
品牌 平台 机制

表 7-3 企业参赛研发投入及项目资金投入变化情况

指标	参赛前	参赛后	增加量
研发投入/万元	150.38	225.27	74.89
参赛项目资金投入/万元	871.48	1214.11	342.63
企业年销售收入/万元	1526.90	1806.42	279.52
研发投入占参赛项目资金投入比例	17.26%	18.55%	1.30%
研发投入占年销售收入比例	9.85%	12.47%	2.62%

通过参加创新创业大赛，企业技术研发的积极性不断增加的另一个佐证是专利、知识产权和软件著作权等方面的长足增长。从获奖企业调研情况看（图 7-4），企业申请专利（含正在申请）的比例由参赛前的 78.95% 增加到 90.16%，增加了 11.21 个百分点；申请知识产权比例由参赛前的 72.73% 增加到 82.98%，增长了 10.25 个百分点；申请软件著作权比例由参赛前的 51.16% 增加到 63.83%，增加了 12.67 个百分点。

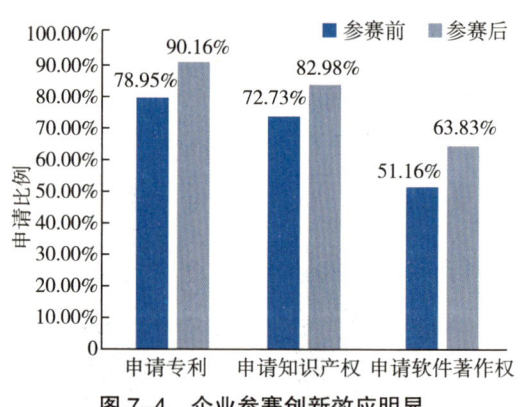

图 7-4 企业参赛创新效应明显

3. 科技成果转化能力的提升

历届创新创业大赛的成功举办，促进了"政产学研用"协同创新体系的建立，为科技创新与成果转化提供了重要支撑。创新创业大赛的参赛主体既有企业、高校，也有科研院所等，大赛为各个主体提供了创新成果的展示平台，促进多方资源对接，有力地促进了科技成果的转化。例如，河北东森电子科技有限公司拥有院士工作站、市级企业技术中心等省市级研发平台，承担了河北省战略新型产业化项目，为省市级重大项目做出了突出贡献，其产品已实现了军民两用，技术达到国际先进水平。河北省企业把握毗邻京津的区位优势，充分利用京津的优势资源，积极与京津高校、科研院所建立联系，加强企校产学研合作，走出了一条创新链与产业链有效衔接的路子，加快推进了创新成果的有效转化，有效提升了河北省创新型领军企业的国际竞争力。

（三）企业融资

1. 直接融资

创新创业最大的困难是融资，广阔的融资平台对于创新创业人才事业起步具有举足轻重的作用。河北省创新创业大赛为科技型中小企业提供了一个展示自身实力的平台，通过参加创新创业大赛，企业扩大了影响，增强了企业知名度，获得了众多社会资本的关注。从对获奖企业的调研看，科技型中小企业的平均投资机构关注数量由 2.53 家增加到 5.16 家，平均增加了 2.63 家；社会融资由每家企业平均融资 7.50 万元，增加到 11.40 万元，社会融资额度平均增加了 3.90 万元，增长率为 52.00%（图 7-5）。

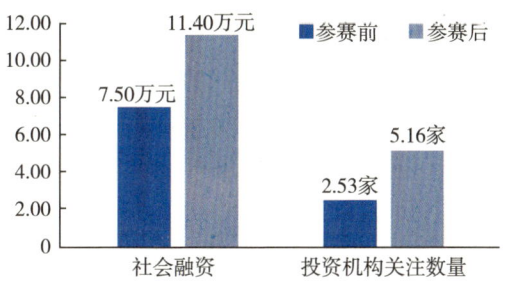

图 7-5　企业直接融资环境改善情况

2. 间接融资

要实现大众创业、万众创新，关键是促进以发明创造和创意为主的成果转化为产品和服务，其中资金的支持至关重要。美国硅谷和以色列利用创业投资促进创新创意成果转化、发展高科技产业是成功的典范。从其发展经验来看，发达国家在促进创新和创意成果转化时，既为促进创业投资发展提供股权支持，也为推动银行提供贷款进行担保支持，以满足不同发展阶段企业的需求。[①]

借助创新创业大赛的展示平台，具有国际领先、产业化前景广阔的项目吸引了多方资本的青睐，创新企业借助合作客户的资源（资本），走出了一条间接融资、壮大发展的路径。例如，承德奥斯力特电子科技有限公司是一家专业从事电子元件、晶体生产设备和测量仪器的专业制造商，携手200多家客户共同发展，其中有世界排名第2位的日本电波（NDK），排名世界第3位的中国台湾晶技（TXC），中国上市公司慧伦顿宝、湖北泰晶等知名企业。通过相互合作，借助外力获得资金支持，公司迅速发展壮大，现已成长为集设计、研发、生产、销售、服务于一体的服务型生产制造企业，取得国家实用新型专利15项。

（四）学习交流

1. 促进了理论与实践的深度融合

创新创业活动是创新创业者学习与交流的平台，企业和团队在参赛过程中促进了创新理论与实践的深度融合。国外的硅谷、新竹和班加罗尔等高科技产业区，在其周围都聚集着大批高水平的大学和科研机构，园区内的企业与高校、科研院所等建立了广泛和深入的合作关系，具有鲜明的"产学研一体化"特征。[②]因此，创新创业的关键在于建立理论与实践相结合的一体化人才培养体系。从

---

① 李希义. 双轮驱动 为国内创新创业提供融资支持[EB/OL].（2015-06-06）[2019-06-05].http://www.sohu.com/a/17873930_115495.

② 向东，吴凡. 循环生态视角下创新创业人才机制研究：以京津冀协同发展下的河北省为例[J]. 牡丹江教育学院学报，2018（4）:77-80.

创新创业大赛获奖企业来看,也都有与高校、科研院所等建立合作交流机制的经验。

一是以大学、科研院所为依托,以高新技术为重点,促进科研与生产相结合,抓好科技成果转化。参赛获奖企业——廊坊市智恒机器人科技有限公司,与廊坊智慧环境生态产业研究院、宁波智能制造产业研究院、中国人民大学、清华大学、复旦大学等多所知名高校研究院所,建立了广泛的战略合作关系,持续提供技术创新的源泉。

二是积极开展国内外科学技术交流活动,支持高等院校、科研机构与骨干企业之间在产学研用方面协同发展。

三是积极发展基于互联网的服务平台,加快推进现代服务业发展,形成布局合理、特色鲜明的服务产业集聚带,为科技成果的转化奠定优良的环境基础。[①] 随身译河北网络科技有限公司是嘀嘀译(北京)科技有限公司的分公司,该公司与总公司共享互联网平台资源开发出新产品DD翻译官。该产品通过互联网共享经济的优势,用真人众包的模式,为翻译需求者和有语言能力的翻译官提供直接对接的平台,达到更加精准的供需匹配,实现高质量低价格、便捷高效的消费升级。

2. 促进了政策与服务精准对接

创新创业大赛过程中,对企业和团队举办一系列创业培训、政策解读及相应服务对接活动,这对加强政府与企业之间的信息沟通,促进支持政策精准落地起到重要作用。同时,大赛本身也不断创新办赛思路、方式,尤其是在京津冀协同发展战略深入推进、雄安新区规划建设加快的战略背景下,通过大赛明显加强了京津冀之间创新成果转化和创新政策的交流,进一步优化了创新创业大赛生态环境。

另外,利用大赛平台鼓励河北省各地互联网企业同京津互联网平台、企业、

---

① 刘艳红,任洁. 河北省创新型科技人才培养体系的构建现状及对策研究[J]. 产业与科技论坛,2017,16(23):70-72.

个人形成对接沟通机制，可以实现经验模式的"软引进"，为河北省实现"互联网+"创新创业模式的形成提供借鉴范本和经验支持。①

二、连锁效应

（一）促进创新能力提升

河北省创新创业大赛是河北省规格最高、规模最大、覆盖最广的双创赛事，自开办以来成为全省推动创新创业的公共产品。首届大赛始于2013年，已连续成功举办了六届。大赛一直秉承"政府主导、公益支持、市场机制"的运行模式，最大化地聚合社会资源与激发市场活力、社会各主体创新创业的热情。② 创新创业大赛的连续成功举办，也产生了连锁效应，促进了区域的创新发展。

1. 促进区域知名度提升

随着大赛举办次数的增加，特别是河北省第六届创新创业大赛的成功举办，已显示出创新创业活动巨大的影响力和推动力。本届赛事参赛企业数量历史最多，参赛企业地区、行业分布最广，大赛社会影响力越来越大。不仅增强了创新创业大赛的知名度和美誉度，也提升了河北省整体形象，营造了创新创业的良好氛围。

创新创业大赛有利于创新创业品牌的提升、创新创业环境的优化、创新创业特色的培养。创新创业活动是一个集中展示高水平项目和人才的大平台，举办这样的创新创业大赛有利于进一步营造河北省浓厚的"双创"氛围，有利于进一步提升河北省"创新创业"品牌，更有利于宣传河北省形象，突出特色。

---

① 田旭,赵永新."互联网+"环境下河北省创新创业工作思考[J].合作经济与科技，2016（3）：126-127.

② 科技部.关于举办第六届中国创新创业大赛的通知[EB/OL].（2017-04-12）[2019-03-18]. http://www.most.gov.cn/tztg/ 201704/t20170412_132369.htm.

创新创业产品的应用，让更多的创新创业人才和组织了解、参与创新创业，吸纳聚集包括银行、创业投资机构、保险、交通运输、医疗、教育、文化等在内的各类发展资源，促进河北省"双创"的进一步发展。例如，参赛获奖企业——河北中科信通电子科技有限公司是一家专业从事卫星应用的军民融合型企业，主业是为城市管理、交通运输、个人应用、智慧旅游、灾害监测、公共安全、船舶监控、精细农业、森林防火、铁路桥梁大坝沉降监测、数字矿山管理等领域提供整体解决方案和服务。该产品的研发与应用也为河北省提升公共服务水平提供了解决方案。

2. 推动区域创新水平提升

随着创新创业大赛的成功举办，其创新绩效也在持续提升，企业主体地位进一步巩固，创新创业热潮持续高涨，区域创新创业向纵深发展，已成为推动实体经济转型升级、培育新动能的重要力量。

创新创业大赛参赛群体主要是科技型中小企业，这一群体也是区域创新发展中数量最多的群体，提升这类群体的创新水平即为提升区域总体的创新能力。其运行机制大体经历了4个阶段（图7-6）：①创新动力的推动。科技型中小企业创新动力主要来自政府对产业、行业发展的推动；新技术的发展；竞争对手的压力等，其中创新创业大赛等赛事对其产生较强的推动与引导作用。②创新模式的选择。科技型中小企业根据自身的条件，在对技术与经济条件充分认识的基础上，选择最佳的协同创新方式。既可通过创新创业平台寻求合作对象或投资主体，又可与大企业或竞争对手合作。③创新成果的转化。对于科技型中小企业而言，表现形式包括产品与服务升级、技术升级、工艺改造、流程创新、管理科学化、核心能力提升等。[①]
④区域整体创新能力的提升。众多科技型中小企业创新能力的提升，有效带动

---

① 孙卫东.产业集群内中小企业商业模式创新与转型升级路径研究：基于协同创新的视角[J/OL].当代经济管理：1-8[2019-05-04].http://kns.cnki.net/kcms/detail/13.1356.F.20190409.1540.002.html.

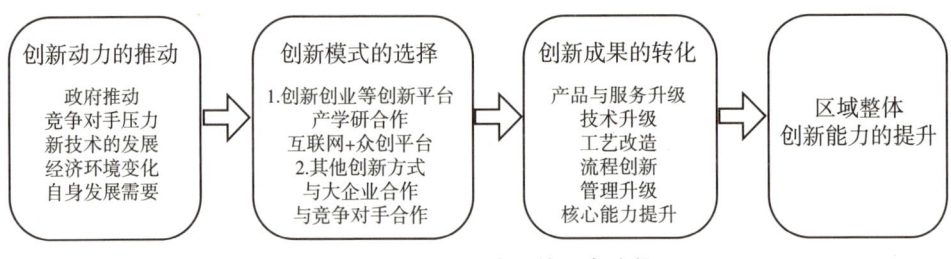

图 7-6　运行机制发展的 4 个阶段

了区域整体创新能力的增强。

（二）促进产业创新发展

1. 促进新产业新业态生成

当前，三次产业融合发展是大势所趋，尤其是在"互联网+"趋势下，新产业新业态不断催生。创新创业大赛不仅鼓励产业融合创新，还专门设立了"互联网+"的行业赛事，且是 7 个行业中参赛数量最多的一个行业。

在创新创业大赛持续推进和纵深发展的背景下，河北省新产业、新产品、新业态、新主体发展迅速，推动了经济的快速增长。一是新产品产量快速增长。市场主体积极适应消费需求升级，高端、高附加值、高科技含量的产品快速培育成长。二是新业态蓬勃发展。例如，快递业务发展迅猛，2018 年河北省快递业务量达到 17.4 亿件，快递业务收入 180.8 亿元，较 2017 年分别增长 45.9% 和 42.9%。网上零售、电子商务等新业态、新模式不断涌现，与传统商业模式和消费模式融合渗透，激发出新的消费需求和刺激经济增长的新动力。三是新市场主体不断壮大。2018 年一季度末，全省法人单位总量达 114.6 万个，同比新增法人单位 36.3 万个，同比增长 46.4%，增速比上年同期增长 16.5 个百分点。在新增的法人单位中，第三产业新增 24.2 万个，占 2/3，贡献突出。①

---

① 河北新闻网. 河北省新产业新产品新业态新主体加快发展 [EB/OL]. （2018-04-29）[2019-03-18].http://hebei.hebnews.cn/2018-04/29/content_6864844.htm.

2.促进战略性新兴产业壮大

创新创业大赛涉及的七大行业：电子信息、互联网、新能源及节能环保、生物医药、先进制造、军民融合、新材料等主要是战略性新兴产业，在六届大赛的连续推动下，河北省战略性新兴产业不断发展壮大。2018年河北省规模以上工业战略性新兴产业增加值比上年增长10%，高新技术产业增加值增长15.3%，其中高端技术装备制造领域、新材料领域和生物领域分别增长23.1%、17.7%和16.0%，高新技术产业占规模以上工业增加值的比重为19.5%。装备制造业对工业生产增长的贡献率为34.6%，居工业七大主要行业之首。高新技术产业投资快速发展，投资增长30.4%。特别是高端装备制造业和环保产业投资快速增长，其中，电子信息投资增长29.7%、新材料投资增长21.4%、环保产业投资增长41.5%。[①] 开展创新创业大赛，并将大赛越办越好是取得这些成绩的重要因素之一。

（三）促进双创人才聚集

1.本地人才队伍建设

创新创业大赛是聚集创新创业人才的众创空间，对提高本地人才创新创业水平有着重要的促进作用。一是搭建了创新创业能力培养的实践平台，引导和鼓励企业和社会组织通过有效的实践训练，增强其实践能力，培养其创新思维，注重创业指导资源的优化整合，最大限度地发挥科技资源、政府资源作用。二是提升了创新人员的创业能力。创新创业大赛能够调动人们的参与热情，锻炼企业人才创新能力，并通过竞赛模式提升其创新创业意识和水平。三是实现了项目平台的构建，即通过分组形式，自主选定项目进行创业，增强参赛者的科技创新创业能力，以此实现人才队伍建设。[②] 政府积极参与、加大支持力度，

---

① 河北省统计局，国家统计局河北调查总队.河北省2018年国民经济和社会发展统计公报[EB/OL].（2019-03-01）[2019-02-28].http://www.hetj.gov.cn/hctj/tjgbtg/101548813276747.html.

② 梁丽，王晓军.河北省吸引海外留学人才的发展策略[J].经济论坛,2014（3）:67-69.

为进一步完善人才培养机制提供政策保障。

2. 高层次专业技术人才引培

高层次人才具有丰富的专业知识和高超的科研能力，在工作中能够表现出极强的思考能力、组织协调能力和解决困难的能力，是最具创新创业活力和潜力的群体。[①] 河北省创新创业大赛吸引了诸多高层次专业技术人才参与，是创新创业活动中的重要动力。随着大赛影响力的不断提升，大赛不仅吸引了来自北京、天津、黑龙江等全国各地的高校、科研院所与创新团队参赛，更吸引了来自不同专业的高层次人才参与。以创新创业大赛为契机，河北省政府围绕创业促进、创业教育、创业环境、创业融资、创业服务等内容构建完善的政策支持体系，鼓励留学归国人员和各类技术发明人等高素质人才，自主创办科技研发、工业设计、文化创意、软件开发、信息咨询、服务外包等现代服务企业，这些举措都将更好地促进了高层次专业技术人才引培。

（四）促进大赛生态圈形成

创新创业大赛不仅能给企业带来技术创新、团队成长、多渠道融资及各种学习交流机会，更能带动区域的经济发展、产业的深度融合。创新创业大赛目前已成为集赛事、人才、资金、政策、服务等"多位一体"的双创服务平台，能够实现创新链、产业链、资金链、政策链等的深度融合，促成人才、技术、资本等双创要素高度聚集和提升。因此，以大赛为契机，不断优化创新创业环境，搭建创新创业平台，进一步助推创新型河北的建设。

创新创业生态圈的建立，以创新创业平台为基础，以创新创业主体为中心，以科技项目为载体，形成了包括金融、保险、投资、广告等不同行业资源整合的一个综合体。表7-4是河北省主要的创新创业平台，其中，众创空间的发展已经成为引领创新创业的新兴力量。

[①] 刘爽.河北省高层次人才创新创业的激励政策和机制研究[J].山西农经,2017(2):18–19.

表 7-4 河北省主要创新创业平台

创业平台名称	主要支持部门	主要支持对象
众创空间	省科技厅	科技型中小企业
科技孵化器	省科技厅	科技型中小企业
大学生创业孵化示范园	省科技厅	大学生创业孵化
农民工返乡创业园和孵化基地	省人社厅	农民工、大学生和退役士兵等返乡创业
创业孵化基地	省人社厅	中小企业创业者
高层次人才、高技能人才创业园	省人社厅	高层次人才、高技能人才创业
电子商务园区	省人社厅	电子商务小微企业
青年创业基地	共青团省委	青年初创企业
中小企业创业辅导基地	省工信厅	中小企业
重点实验室	省科技厅	基础性创新
工程技术研究中心	省科技厅	应用性创新
产业技术研究院	省科技厅	应用性创新
企业技术中心	省科技厅	应用性创新

河北省围绕优化大众创新创业环境，积极推进"放管服"改革，各市县设立了行政审批局，企业的各项审批项目更加简单、便捷、高效，营商环境持续优化。创新创业生态圈的建立，不仅需要创新环境的优化，更需要创新主体、科研机构、相关行业等协调配合（图7-7）。

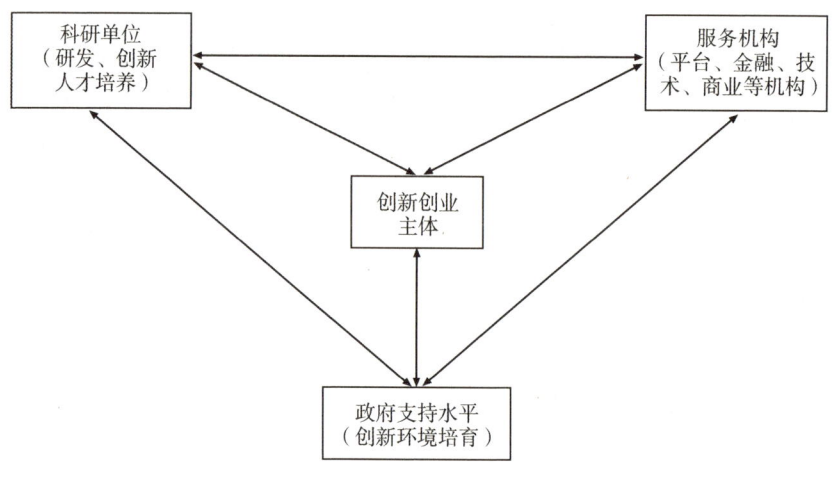

图 7-7　创新创业生态圈

三、长期效应

（一）氛围的营造

1. 增强了创新创业意识

创新创业创造不是让所有人都当"老板"，是要求全民在各行各业都要具有"创新意识"。创新创业大赛作为加快创新创业意识和文化传播的重要平台，通过创新创业活动实践，打造面向大众的"双创"全程服务体系，有效激发了人们的创新创业意识，"使小企业铺天盖地、大企业顶天立地"。

同时，大赛也不断传递着创新创业的新观念、新信息。创业意识不是天生就有的，所有关于创业的知识、技能及激发创业意识的其他因素都是外在的，通过长期、反复地灌输，可以加深对创业的认识和情感，为创业意识的形成打下坚实的基础。在创新创业大赛的影响带动下，全民创新创业的意识不断提高，吸纳新知识、新理念越来越多，创新创业激情更加高涨，创新创业活动正在燕赵大地如火如荼地开展。

2. 创新创业环境的优化

一是大赛提供了创新创业的交流平台和载体。通过创新创业大赛，不断吸引来自各行各业的创业英雄汇聚一起，交流和传递行业领域前沿科技成果和信息；与此同时，政府广泛开展知识产权保护、实施各项所得税优惠政策、减轻企业负担等，全方位为创新创业大赛的举办及科技项目的转化营造良好的创业环境。

二是创新创业大赛营造了创新创业的浓厚氛围。创新创业大赛的举办，鼓励留学归国人员和各类技术发明人等高素质人才，自主创办科技研发、工业设计、文化创意、软件开发、信息咨询、服务外包等现代服务企业，同时激发了高校毕业生、城镇失业人员、农村转移劳动力、退役军人等重点群体创业的热情。

3. 创新创业文化的厚植

创业文化是指与社会创业有关的意识形态、文化氛围，其中包括人们在追求财富、创造价值、促进生产力发展的过程中所形成的思想观念、价值体系和心理意识，主导着人们的思维方式和行为方式。创业文化具有提倡风险承担、鼓励创新、容忍失败、诚实守信的特点。创新创业大赛整合了各方面的创新创业要素，搭建为科技创新项目服务的平台，引导更广泛的社会资源支持创新创业，营造了全民参与、全民创新的文化氛围。

大赛鼓励创新项目，孕育创新思想，转化创新成果，引领创新创业的风向导向。大赛多途径传播创新创业前沿技术和项目，对获奖企业后期的跟踪报告，也是侧面对创新创业技术的激励。通过大赛，弘扬了创新创业文化，探索了科技与文化的结合的方式，树立了创新创业品牌和典型，让更多的人融入创新创业之中，在全社会掀起创新创业的高潮，为建设创新型国家奠定了坚实的基础。

（二）动力的培育

1. 企业创新发展动力的培育

企业是创新创业的主体。2018年河北省政府工作报告提出"加快建设创新河北"，要加强创新平台建设，培育壮大创新主体，促进科技成果转化，全面释放"双创"活力。创新创业大赛针对企业和团队的项目创新活动，构建了创新发展的扶持政策与服务体系，从而促进了河北省创新创业型企业加快发展，并从根本上增强创新转型的新动力[①]。参赛获奖企业基本都是行业的"龙头"企业，大赛对获奖企业给予奖金支持，同时对科技创新给予政策和服务扶持，并对企业发展进行后期跟踪服务，鼓励龙头企业提升创新能力，引导规模以上企业科技活动全覆盖。尤其是在一些战略性新兴领域，重点支持生物医药、新能源、电子信息、新材料等行业龙头企业承担重大科技攻关任务，鼓励大中型企业普遍建立工程技术研究中心、企业技术中心、院士工作站等；支持中小企业创新活动，深入实施科技企业"小升高"计划和中小企业创新工程，建立健全"创业孵化、创新支撑、融资服务"的科技型中小企业培育体系。

2. 区域发展的主要推动力

企业是区域协同创新、经济发展的最基本要素，也是实现区域经济一体化的网络结点。知识或技术作为创新创业型经济发展的核心生产要素在区域间的传播应保持畅通，在此过程中企业家主宰着包括知识在内的所有生产要素的跨区域流动，不断增强区域的创新动力。河北省创新创业大赛为企业和创新创业团队搭建了新平台，为培养创新创业主体、提高企业创新和创业成功率、增强创新创业主体持续创新能力搭建了高的平台，成为推进供给侧结构性改革、推动经济结构调整和优化、经济创新发展的重要支撑力量。[②]

3. 全社会创新创业动力的培育

多途径、多渠道打造全社会创新创业动力是实现大众创业、万众创新的重要举措。其中创新创业动力培育需要企业、政府、平台、服务、政策等多个要素共同推动，形成合力。图7-8显示了政府在全社会创新创业动力培养过程中

---

① 王学婧,田利娟.河北省创业型中小企业发展对策研究[J].产业与科技论坛,2014,13（19）:20-21.

② 李巧,杨彦波,朱迪.河北省创新创业平台服务设计与创新研究[J].河北科技大学学报（社会科学版）,2017,17（1）:7-11,17.

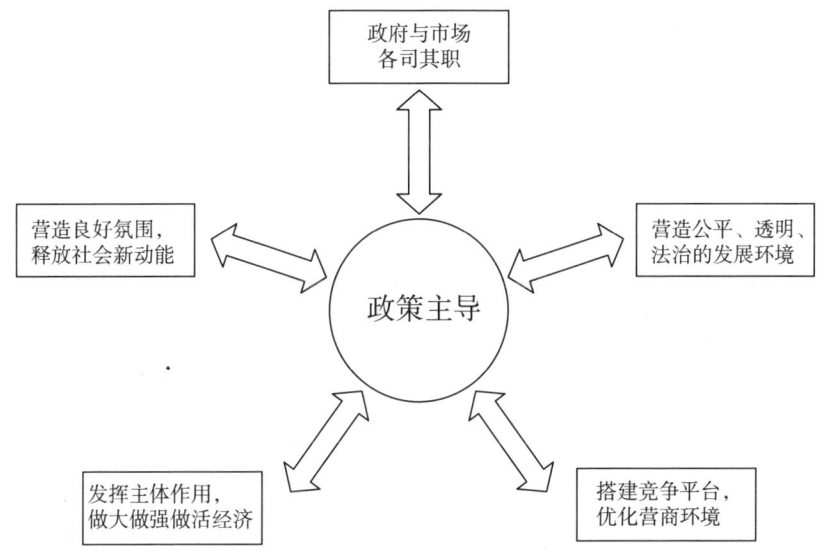

图 7-8　全社会创新创业动力培育模式

发挥着主导作用。

营造良好氛围，释放社会新动能，国家通过各项改革降低制度性交易成本，营造有利于大众创业、市场主体创新的政策环境与制度环境；政府与市场各司其职，政府增强引导和服务市场的主动性，市场发挥自身经济运行规律；营造公平、透明、法制的发展环境，构建新型的政商关系；搭建竞争平台，优化营商环境，政企之间建立起了积极、畅通的沟通渠道；发挥主体作用，做大做强做活经济。只有深化体制机制改革，为创新人才松绑，替企业减负，才能释放企业更大的创造活力。

从上述模式看，政府在推动全社会创新创业动力培育中发挥着引领作用。创新创业大赛作为政府主导推动的赛事活动，通过大赛平台，引导企业提升创新创业活动水平，并根据企业创新发展的问题和难题，出台了一系列政策措施，有效提升了企业创新创业的成功率。

（三）能力的提升

1. 企业发展能力的提升

企业的成长可以体现在多个方面，如技术提升、市场占有率扩大、赢利水平的上升、企业员工的增加，但这些成长最终都将体现在企业产值规模的变化。[①]在创新的时代背景下，企业必须提升自己的创新能力，这样才可能长久存在于市场经济链条中，不至于被过早淘汰。创新创业大赛，通过让企业参与，与创业导师面对面交流，现场聆听专家指导建议，包括在整个大赛过程中安排的各项创业辅导培训、企业融资路演、创业特训营等活动，能够有效地提高企业创新创业能力和持续进行产业升级。在经济新常态下，科技型中小企业想要自身实现良性循环发展，就要进行产业升级，汲取世界同类知名品牌产品的优点，调研当今消费者的喜好，将产品尽力打造为消费者认可的产品，以提升自己的竞争力。[②]

2. 区域发展动能的转换

当前，国际国内经济发展阶段和发展环境的变化使旧动能减弱，区域经济发展迫切需要实现新旧动能转换。社会主要矛盾转化、新一轮科技革命和产业变革的兴起为我国新旧动能的转换提供了机遇。[③]创新创业大赛使人们的思想解放、观念更新永远在路上；使企业勇于自我改革，拓展新产业、新业态，探索新技术和新模式，培育新动能。通过创新创业大赛引导企业积极发展新技术、新产业、新业态、新模式，促进产业智慧化、智慧产业化、跨界融合化、品牌高端化，通过这一系列"微观变化"来实现中观、宏观层面质的提升，实现传

[①] 郁万荣，王永胜，多淑杰. "大众创业、万众创新"背景下企业的意愿、能力及环境研究：以广东省中山市为例[J]. 经济论坛，2018（11）：80-84.

[②] 李玉珊. 浅析"大众创业，万众创新"背景下中小企业管理研究[J]. 河北企业，2019（1）：15-16.

[③] 李晓华. 区域发展新动能何在[EB/OL].（2018-07-10）[2019-03-19]. http://wemedia.ifeng.com/68575878/wemedia.shtml.

统产业提质效、新兴产业提规模、跨界融合提潜能、品牌高端提价值。①

（四）素质的提高

1. 研发人员专业技术水平的培养

创新创业大赛引导创新创业者识别和把握创新创业机会，培养创新创业者的创新创业意识、信念和创新创业能力，帮助创新创业者进行市场分析、机会分析、风险分析、资源分析等，从而帮助创新创业者及时发掘和把握创新创业机会（图7-9）。②

创新创业项目吸引众多企业参与其中，有利于企业研发技术人员创新能力及专业技术水平的提高。通过创新创业平台，有助于企业研发技术人员树立适应新形势的创新理念，充实了创新知识、转换了创新思维、增强了创新技能。

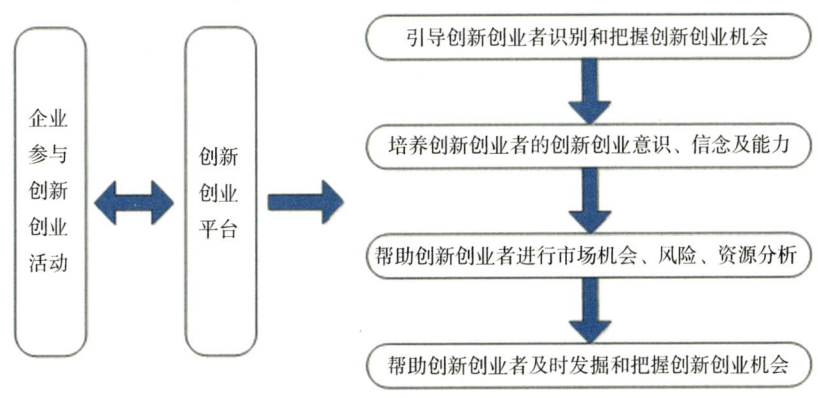

图7-9　创新创业者创新能力的培养

---

① 钟呈雷. 企业实现新旧动能转换的路径分析[EB/OL].（2018-11-27）[2019-03-19]. http://sdxjw.dzwww.com/jstxx/llxx/201811/t20181127_11381382.html.

② 李巧，杨彦波，朱迪. 河北省创新创业平台服务设计与创新研究[J]. 河北科技大学学报（社会科学版），2017，17（1）：7-11，17.

2. 全社会创新创业人员素质的提升

"双创"是一个全民参与、全社会动员的活动，是一个具有广泛基础和参与度的活动。创新创业大赛作为推动和引导"双创"活动的重要赛事之一，广泛汇集创新创业资源，积极促进企业和创新团队的成果转化。从创新创业大赛与创新创业主体的关系来看，二者之间存在相互依赖、相互协调、相互促进的互动关联关系，创新创业大赛能够促进创新创业人才的发展。大赛组织实施过程中会催生出的新知识、新技术、新成果，为创新创业人才发展提供了广泛的自组织学习内容和平台，① 极大促进了全社会创新创业人员数量的扩大和水平的提升。从第七届中国创新创业大赛报名参赛企业核心团队的人才分布来看，院士共计264人、"千人计划"专家740人、归国留学人员11 187人、博士13 958人、硕士21 090人、本科52 775人。其中，生物医药领域入选"千人计划"的最多，达到181人，凸显了该行业高门槛、高科技、高学历的基本特征。据统计，报名企业的研发人员总数达32.4万人，在所有企业员工中占比达31.9%。随着各届创新创业大赛的成功举办，创新创业技术人员的数量和技能水平也在逐年增长。可见，创新创业大赛，能够在较短时间内，聚集全国各领域最顶尖技术人才，展示企业技术实力和水平，并通过竞赛的方式激发科研人员的创新创业激情，产出更高质量的科研成果，形成科技创新创业的良性循环。

参考文献

[1] 李希义. 双轮驱动为国内创新创业提供融资支持[EB/OL].（2015-06-06）[2019-03-19]. http://www.sohu.com/a/17873930_115495.

[2] 向东，吴凡. 循环生态视角下创新创业人才机制研究：以京津冀协同发展下的河北省为例[J]. 牡丹江教育学院学报，2018（4）：77-80.

[3] 刘艳红，任洁. 河北省创新型科技人才培养体系的构建现状及对策研究[J].

---

① 范红辉，韩苗苗，姚峰，等. 支撑创新驱动发展的创新创业人才发展研究：基于河北省"双创"人才发展问题研究[J]. 未来与发展，2017，41（9）：18-25，53.

产业与科技论坛，2017，16（23）:70-72.

[4] 田旭，赵永新."互联网+"环境下河北省创新创业工作思考[J].合作经济与科技，2016（3）:126-127.

[5] 科技部.关于举办第六届中国创新创业大赛的通知[EB/OL].（2017-04-12）[2019-03-18].http://www.most.gov.cn/tztg/201704/t20170412_132369.htm.

[6] 孙卫东.产业集群内中小企业商业模式创新与转型升级路径研究：基于协同创新的视角[J/OL].当代经济管理:1-8[2019-05-04].http://kns.cnki.net/kcms/detail/13.1356.F.20190409.1540.002.html.

[7] 河北新闻网.河北省新产业新产品新业态新主体加快发展[EB/OL].（2018-04-29）[2019-03-18].http://hebei.hebnews.cn/2018-04-29/content_6864844.htm.

[8] 河北省统计局，国家统计局河北调查总队.河北省2018年国民经济和社会发展统计公报[EB/OL].（2019-03-01）[2019-02-28].http://www.hetj.gov.cn/hetj/tjgbtg/101548813276747.html.

[9] 梁丽，王晓军.河北省吸引海外留学人才的发展策略[J].经济论坛，2014（3）:67-69.

[10] 刘爽.河北省高层次人才创新创业的激励政策和机制研究[J].山西农经，2017（2）:18-19.

[11] 王学婧，田利娟.河北省创业型中小企业发展对策研究[J].产业与科技论坛，2014，13（19）:20-21.

[12] 李巧，杨彦波，朱迪.河北省创新创业平台服务设计与创新研究[J].河北科技大学学报（社会科学版），2017，17（1）:7-11，17.

[13] 郁万荣，王永胜，多淑杰."大众创业、万众创新"背景下企业的意愿、能力及环境研究：以广东省中山市为例[J].经济论坛，2018（11）:80-84.

[14] 李玉珊.浅析"大众创业，万众创新"背景下中小企业管理研究[J].河北企业，2019（1）:15-16.

[15] 李晓华.区域发展新动能何在[EB/OL].（2018-07-10）[2019-03-19].

http://wemedia.ifeng.com/68575878/wemedia.shtml.

[16] 钟呈雷. 企业实现新旧动能转换的路径分析 [EB/OL].（2018-11-27）[2019-03-19]. http://sdxjw.dzwww.com/jstxx/llxx/201811/t20181127_11381382.html.

[17] 范红辉, 韩苗苗, 姚峰, 等. 支撑创新驱动发展的创新创业人才发展研究：基于河北省"双创"人才发展问题研究 [J]. 未来与发展, 2017, 41（9）:18-25, 53.

第八章

趋势展望

创新创业大赛适应了创新驱动发展阶段的趋势，又以现代平台为载体，构建形成了政府引导、公益支持、市场化动作的机制，具有品牌化、高成长性等特征，必然蕴含着巨大的成长潜力和带动力，成为创新创业的重要引擎，创新创业生态圈的核心，也必将成为促进转型升级和高质量发展的重要途径。

一、大赛成长性分析

（一）创新型大赛快速发展

近年来，不同行业领域都在举办形式多样的大赛，吸引了众多社会主体广泛参与。尤其是在创新创业领域，在中国创新创业大赛的引领下，包括河北省在内的各地创新创业大赛表现出了极大的活力和旺盛的生命力。

1. 从参赛主题看，科技领域表现出"一枝独秀"

从全国来看，不同领域办赛呈特色化、规模化、高端化发展。随着国家对创新创业的鼓励和扶持，国内科技领域大赛种类越来越丰富。例如，"全国青少年科技创意大赛"和"全国大学生系列科技学术竞赛（挑战杯）"自1989年开始举办，至今已举办了34届。两个大赛遵循"探索、创新、创造"和"崇尚科学、追求真知、勤奋学习、锐意创新、迎接挑战"的主旨，激发了青年群体科技创新的热情和激情。与此同时，科技领域针对不同群体的赛事不断涌现。从2016年开始，由清华校友作为主办方承办的"清华校友三创大赛"，为有创新精神和创业能力的校友们提供了资源对接、信息交流、合作共赢的平台。尤其是近年来，各领域的创新大赛层出不穷，无论面向大学生的，还是面向企业的，

都深度融入了新时代大众创业、万众创新的大潮中,引领着新时代创新创业风尚,营造了全国创新创业的文化氛围。

2. 从参赛的对象看,参赛群体不断拓展

科技领域的大赛有专门面向大学生队伍的全国大学生系列科技学术竞赛(挑战杯),也有针对年龄在10~35岁的全国青少年大赛,以及为所有热爱创意、创新、创业的国际青年所设的"国际青年创新大赛"。作为助推我国科技创新创业的新生力量,科技领域的大赛深深吸引了青年一代,见证了他们的成长与进步,壮大了一批新时代的创新创业生力军。

3. 从参赛的方式看,大赛模式呈现多样化特征

有以科学假设、奇思妙想或解决思路为形式的科技创意作品,也有以自然科学类学术论文、社会科学类社会调查报告和学术论文、科技发明制作为形式的科技论文、科技产品,还有以创新设计、创意营销、创新管理及创业实践等多种形式的参赛作品。参赛形式多种多样,满足了不同参赛群体、不同领域的参赛需求。

科技领域大赛引领了当下创新创业的价值导向,科技创新正在向着更高层次、更广领域发展。迄今为止,以科技为主体的全国性大赛,都秉承着"创新"的宗旨,以大赛平台作为载体,积极营造良好的创新创业环境,无论是青少年的科技型比赛还是全民参与的全国创新创业大赛,都在为实施创新驱动发展战略、建设创新型国家不断做出新贡献(表8-1)。

(二)创新创业大赛影响力不断提升

随着新的部门、新的投资、新的产品、新的创业者不断地涌出,创新已成为中国新发展阶段的核心动力和主要特征。在新技术、新主体、新业态、新模式不断兴起的新时代,创新创业大赛的功能将进一步完善,作用将不断强化,影响力也将不断提升。

1. 平台成为互联网场景下的基本范式

近年来,全球互联网领域一直呈快速发展态势,云计算、大数据、区块链、人工智能等技术逐步成熟并走向应用,正在与制造业和实体经济实现融合。一

第八章 | 趋势展望

表 8-1 全国各类大赛分析

赛事名称	组织方	参与者	项目	宗旨与目的	迄今举办届数
全国青少年科技创意大赛	中国科协、教育部、科技部、生态环境部、体育总局、知识产权局、自然科学基金会、共青团中央、全国妇联	年龄在 10～35 岁的中国青少年（包括港、澳、台）	科技创意作品（青少年自主提出的科学假设、奇思妙想或解决思路，要具有独特的想法和创新思维）	以"探索、创新、创造"为宗旨，目的为激发青少年的科学兴趣和创造激情，培育青少年的想象能力和创造性思维，搭建征集、展示青少年创意思想的"众创空间"，营造全社会创新氛围，促进素质教育	自 1989 年举办第一届至今共计 34 届
国际青年创新大赛	国际青年创新大赛组委会、中华人民共和国教育部、共青团中央、北京大学、国际优秀创新机构	所有热爱创意、创新、创业的青年（15～45 岁）均可网络报名注册，在获得认证后参赛	大赛分为创新设计、创意营销、创新管理及创业实践 4 类比赛	目的在于增进中国和世界各国人民特别是青年之间的了解和友谊，推动青年创新热情和提升青年创新能力	自 2012 年举办第一届至今共计 7 届
"挑战杯"全国大学生系列科技学术竞赛（挑战杯）	由共青团中央、中国科协、教育部和全国学联、地方省级人民政府	大学生	结合自然科学类学术论文、社会科学类社会调查报告和学术论文、科技发明制作，提出一项具有市场前景的技术、产品或者服务，并围绕这一技术、产品或服务，以获得风险投资为目的，完成一份完整、深入的创业计划	坚持"崇尚科学、追求真知、勤奋学习、锐意创新、迎接挑战"的宗旨，目的在于促进青年创新人才成长，深化高校素质教育，推动经济社会发展等。誉为当代大学生科技创新的"奥林匹克"盛会	自 1989 年举办第一届至今共计 34 届

续表

赛事名称	组织方	参与者	项目	宗旨与目的	迄今举办届数
中国科学院青年创业大赛	以中国科学院（包括地方科研院所，研究机构、事业单位）为核心，并与中国著名高校合作	全国高校及各科研单位优秀青年	创业项目团队或已经注册公司的创业企业，并有融资需求	旨在培养青年创新、创业意识和能力，丰富科学创新和创业行动的社会价值和意义，最终促进科学发展，推动社会经济进步	自2008年举办第一届至今共计11届
中国青年创新创业大赛（创青春）	共青团中央、工业和信息化部、人力资源社会保障部、农业部、中国邮政储蓄银行、中央电视台及各级政府	青年	大赛采取二、三产业和涉农产业分赛制，即统一赛事名称，二、三产业创新创业项目和涉农创新创业项目采用不同赛制，由团中央城市青年工作部和农村青年工作部分别组织实施	主旨为"创新引领未来 创业改变生活 奋斗成就梦想"。大赛目的是搭建创业者展示成长平台，投融资对接平台，建立青年创新创业项目库、人才库、导师库，优化青年创业环境，提高青年创业成功率，激发全社会关心青年创业的热情，促进青年创业就业服务体系建设	自2013年举办第一届至今共计5届
清华校友三创大赛	清华校友总会	清华校友和学生		为有创新精神和创业能力的校友们，提供参与对接平台的，形成清华创业园	自2016年举办第一届至今共计3届

些国家或企业提出数字经济与制造业深度融合的新概念，如德国的"工业4.0"、美国通用电气公司等提出的工业互联网。德国"工业4.0"以智能装备、智能生产和智能工厂为核心，希望解决其制造业信息化、数字化程度不高的问题，并由智能制造延伸至智能服务。美国通用电气公司等提出的工业互联网则倾向于凭借其强大的互联网和大数据技术优势，实现大数据分析和智能决策，提高现有产业的效率并带动新产业发展。无论是哪一种概念或模式，背后都是产业组织形态向平台化方向转型。也就是说，平台经济已成为新的产业组织形态，无论生产领域还是消费领域都在进入平台革命时代。平台的迅猛发展是专业化分工深化的结果。正因为互联网技术的发展，使得各种类型的供给信息与需求信息能够一个平台上汇集、交流、交易。从这一角度看，创新创业大赛作为一个现代平台，其生命力、发展潜力巨大，是现代经济体系下创新创业的一种重要组织形式与基本范式。

2. 创新创业活动主要围绕平台展开

在深入实施创新驱动发展战略过程中，我国的转型升级已经呈现出新的发展趋势：产业范式出现新变化，更加强调依靠创新和技术进步推动产业水平提升和价值链升级；产业组织形态呈现新特点，平台经济成为新的产业组织形态，在一定程度上改变了企业内部的组织结构和企业之间的分工合作关系，也成为一个区域竞争力的重要体现；绿色发展成为新型工业化的重要内容和新的战略任务，既是转型升级的重要制约因素，也是促进转型升级的一个重要动力，并将带来新一轮绿色革命。在这一过程中，创新始终是核心内容，但需要通过载体、活动等来实施，创新创业大赛正是适应了这一新趋势，也正成为推动转型升级、高质量发展的重要力量。

政府支持创新创业需要有有力而高效的抓手，而平台的特性正适应了这一需求，因为各相关主体的创新创业活动都可围绕大赛平台展开。企业可通过创新创业大赛来展示自己的成果与实力，扩大企业影响，吸引相关资源，对接相关创新服务，取得政府定向支持；金融机构可以通过大赛识别科技创新成果，降低搜寻成本，精准对接服务对象，获得投资收益；大学与科研机构可以精准

对接合作对象，转化已有成果，建立稳定的科技创新合作关系；中介机构可以利用专业业务优势参与大赛，以高品质服务获得收益；等等。而政府在这一活动中，通过平台厚植了全社会的创新创业氛围，为优秀创新创业者提供了精准支持，突显了政府支持创新创业的领域、环节、重点等。总之，创新创业大赛成为新形势下创新创业活动的内核，成为推动创新创业活动的内生动力，甚至是原动力。

3. 赛事经济将成为经济发展新业态

在国家创新创业政策指引下，河北省创新创业大赛已成为品牌赛事。创新创业大赛不仅成为企业和团队交流、学习、展示、对接、服务等平台载体，"强流量"赛事也为承办方带来了巨大效益。例如，在大赛举办期间，各种创新创业要素快速聚集到承办地，同时还带动当地宾馆、餐饮、交通、中介服务等服务性的行业和部门发展，对本地区经济将产生更加深远的影响。同时，大赛将会催生一批与大赛相关的服务型机构，如针对科技型中小企业的创新创业辅导、投融资、人才服务、政策服务等相关机构，延伸大赛产业链，形成以创新创业为主题的新经济形态。

（三）大赛催生更多创新创业主体

1. 创新创业主体更加多样化

创新创业主体的多元化是实现大众创业、万众创新的重要基础，是形成创新创业持久动力的主体力量，也是新一轮创新创业浪潮最显著的特征。

（1）大赛催生创业主体的增加

随着创新型国家建设的深入推进，在创新创业大赛的引导下，各领域参赛群体不断吸收"高质量发展"的养分投入大赛中，不仅会催生出一批本土化的创业精英，还会吸引具有先进技术和管理优势的海归人员回国创业，大大提升了科技型中小企业的创新能力，进而优化产业结构并推动产业结构与国际先进水平对接，提升产业发展的层次和水平。除了企业主体外，一些具有实践经验的体制内人员，也有一定比例选择离职创业，积极投入到科技创新大军中。还有一批具有创造力

第八章 趋势展望

与激情的大学生创新创业。众多创新创业群体的涌现形成的"裂变创业"效应，极大地激发了市场活力，为经济社会高速发展注入了新动力。

（2）大赛服务机构的增多

赛事服务机构作为现代服务业的重要内容，是现代产业发展的一个重要趋势，也是专业化分工协作深化的结果。工业化过程的一个重要特征是三次产业结构的演变，即随着经济发展和人们消费结构的升级，三次产业沿着一二三——二一三——二三一——三二一的轨迹升级。其实，三次产业的更替也代表着产业由低端向高端的发展过程，第三产业特别是现代服务业比重高，意味着在一个产业体系中高端产业比重高，其竞争力当然也更强。作为现代服务业重要组成部分的科技服务业，在这一过程中发展迅速，占总体的比重不断提高。从发展趋势看，一是直接融入创新创业链条、过程的科技服务业，如金融、风险投资、技术成果、人才服务等，成为创新创业的组成部分。二是为创新创业提供基础服务的现代服务业，如会计、法律、评估、信息等。三是提升创新创业活动层级、能级的现代服务业，如高科技服务业企业，文化创意、设计、专业咨询等。随着创新创业大赛的不断深入，这些现代服务业将得到快速发展，也在不断优化着河北省的产业结构，推动着转型升级（图8-1）。

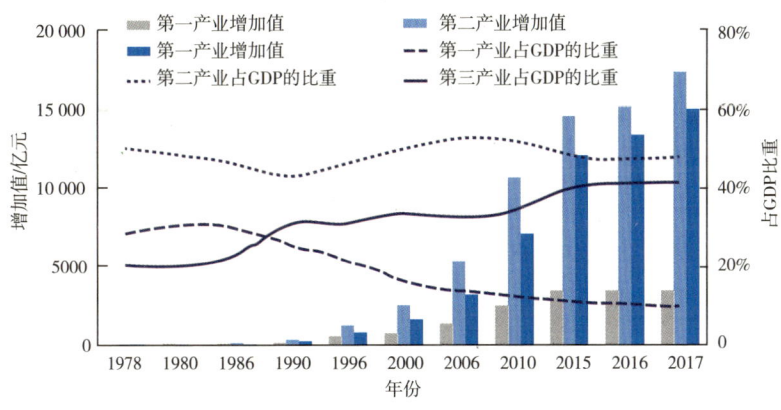

图 8-1 河北省三次产业结构演变

创新创业大赛
品牌 平台 机制

科技服务业是指运用现代科技知识、现代技术和分析研究方法，以及经验、信息等要素向社会提供智力服务的新兴产业，主要包括科学研究与试验发展服务、专业化技术服务、科技推广及相关服务、科技信息服务、科技金融服务、科技普及和宣传教育服务、综合科技服务七大类（表8-2）。

表8-2 科技服务业分类

序号	名称	细分类	功能
1	科学研究与试验发展服务	自然科学、工程、农业和医学研究	为了增加知识（包括有关自然、工程、人类、文化和社会的知识），以及运用这些知识创造新的应用，所进行的系统的、创造性的活动；该活动仅限于对新发现、新理论的研究，新技术、新产品、新工艺的研制研究与试验发展，包括基础研究、应用研究和试验发展
		社会人文科学研究	
		为各类科技创新平台技术创新服务活动	
2	专业技术服务业	包括专业化技术公共服务（气象、地震、海洋务、测绘地理信息务、质检技术、环境与生态监测检测、地质勘查、规划设计等领域）	主要为科技活动提供技术咨询、技术判断、测试等服务，产品提供质量检测、设计、检测、监测与评估等活动
		检验、检测、标准、认证和计量服务	
		工程技术服务	
3	科技推广及相关服务	科技推广与创业孵化服务（技术推广、科技中介、创业空间服务）	为科技活动提供科技评估鉴定服务、知识产权代理、转让、登记、咨询、检索，以及为科技活动提供的法律代理、法律援助等服务
		知识产权服务	
		科技法律及相关服务	
4	科技信息服务	信息传输科技服务	为科技活动提供的电信服务、有线广播电视网络和信号传输服务、互联网在线信息、电子邮箱、数据检索等服务
		互联网技术服务	
		软件和信息技术服务	

续表

序号	名称	细分类	功能
5	科技金融服务	货币金融科技服务 资本投资科技服务 保险科技服务 其他科技金融服务	各类银行、融资租赁公司、证券投资公司、保险公司等金融为科技活动提供的投资、租赁、保险等服务活动
6	科技普及和宣传教育服务	科普服务 科技出版服务 科技教育服务	为科技活动和科普宣传等提供的图书、宣传、出版、教育等服务活动
7	综合科技服务	科技管理服务 科技咨询与调查服务 信用担保科技服务 职业中介科技服务 其他综合科技服务	为科技活动提供的管理、咨询、调研、非融资担保、职业信息及其他方面的服务活动

科学研究与试验发展领域，随着大数据、大健康、人工智能等新兴产业的快速发展，创新创业大赛辐射范围将会越来越广，围绕参赛项目的新产品、新工艺方面的咨询服务机构也将越来越多。同时，关于创新创业大赛历程、机制、效应等相关人文社科研究性活动也不断增多。

专业技术服务业领域，创新创业大赛参赛领域涉及面广，更多新产业新业态项目持续涌现，其相应的科技活动服务机构也会陆续产生，势必会壮大这一领域的服务机构。

科技推广及相关服务领域，为了在众多参赛者中胜出，企业必定盯准行业前沿技术加大研发投入力度，从而涉及技术成果认定、评价、转移或转化，针对企业科技成果产权服务的机构将会增多。

科技金融服务领域，在办赛过程中，将会吸引天使投资、风险投资、私募股权投资为代表的创投机构；在对接科技型中小企业过程中，将不断引导金融机构创新金融产品和服务，适应大赛参与者的融资需求。与赛事发展相适应，将会产生专门针对各类大赛的专业化服务机构。

科技普及和宣传教育服务领域，创新创业大赛办赛的过程就是对创新创业信息、文化、观念向全社会输出的过程，通过专业化组织，承办整个赛事，并利用各种宣传媒介进行赛事动态报道，一定程度上促进了相关宣传服务机构的发展。

这些新的市场主体也是创新创业大赛的参与者和服务者，可以说，创新创业大赛的蓬勃发展，在激励企业和团队创新创业的同时，为现代服务业的发展创造了市场机会。

2. 形成了大赛生态圈

创新创业大赛主要是一种经济活动，也具备目前正兴起的产业生态圈的基本特征，将成为大赛生态圈。而产业生态圈的架构与特征也在大赛生态圈中表现出来。

一般来说，产业生态圈是指某种（些）产业在某个（些）地域范围内业已形成（或按规划将要形成）的以某（些）主导产业为核心的具有较强市场竞争力和产业可持续发展特征的地域产业多维网络体系，体现了一种新的产业发展模式和一种新的产业布局形式。作为一种经济活动的创新创业大赛，也可视为一种大赛产业，具有产业生态圈的特征。产业生态圈可以有多个维度，主要包括以下几个方面（图8-2）。

一是生产维。在地域内聚集有众多的相互依存、相互协作的企业（即传统意义上说的企业协作、配套群体），这些企业包括专门从事产前的、产中的、产后的生产企业，例如，智能汽车产业生态圈，如图8-3所示；横向

图8-2 产业生态圈

的和纵向的配套、协作企业；龙头的和外围的企业；生产某种（些）相关特殊部件的企业等。

二是科技维。产业生态圈内形成产业的科研、设计、实验体系。

三是服务维。在地域内，有各种各样的专业服务型企业（组织），为产业提供方便快捷的市场和信息服务、运销服务等。

四是劳动维。包括主导产业、配套产业及相关产业的熟练劳动大军；相关的专业人员队伍；精通相关管理和市场营销、掌握相关业务关系网络的管理人员队伍等，也包括为此提供服务的人力资源中介服务机构。

五是相关基础设施与公共服务。如交通、水、电、气、暖、网络等，也包括零售、餐饮、教育、医疗等。

六是公共维或政府维。主要是指为了维护生态圈内的产业发展，地方政府应提供相关的支持政策、法规与服务，维护良好的产业发展环境和市场秩序、维护生态环境等。

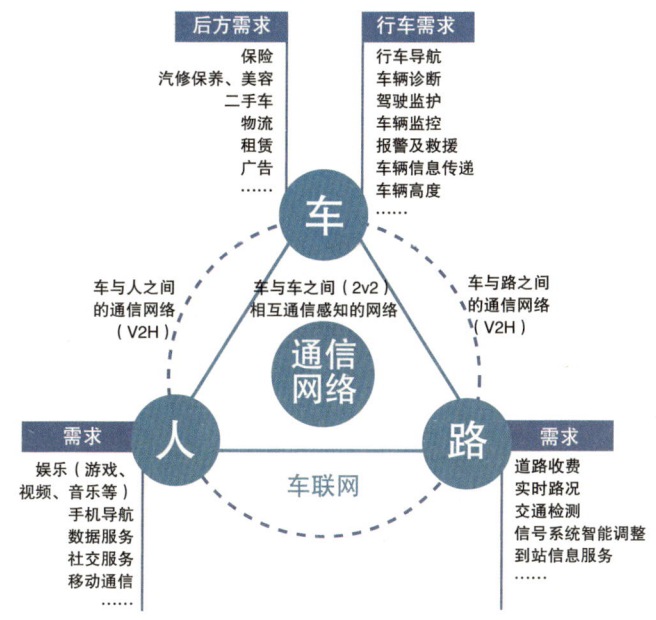

图 8-3　智能汽车产业生态圈示意

创新创业大赛
品牌 平台 机制

创新创业大赛引领全国创新发展的最前沿，围绕大赛聚集人才、技术、产品、服务等创新创业要素，传播创新创业文化，形成了和谐的创新创业大赛生态圈。

创新创业活动的有效开展需要一个内外和谐的发展环境。创新创业大赛生态圈参照产业生态圈多个维度划分为创业生产维、创业科技维、创业服务维、创业劳动维、创业基础设施与公共服务维、创业公共维6个部分，每一个部分承担着不同的分工和功能。

①创业生产维指参赛企业及与其相互依存、相互协作的企业，他们之间共同构成企业生产的整体。

②创业科技维指大赛生态圈内形成企业技术研发、设计、成果转化等相关的科技活动体系。

③创业服务维指为大赛及参赛企业提供各种各样的专业服务型企业（组织），包括培训、融资、知识产权交易等专业性服务机构。

④创业劳动维指参赛企业和团队相关的专业人员队伍，这些人员既有精通相关管理和市场营销、掌握相关业务关系网络的管理人员，也包从事技术研发活动人员及提供相关服务人员。

⑤创业基础设施与公共服务维指为大赛正常运营提供的空间场所及水、电、暖、餐饮、住宿等配套设施服务。

⑥创业公共维指政府为参赛企业成长壮大提供的相关支持政策、法规与服务等。

这6个维度相互作用形成了大赛生态环境。从内部看，参赛企业之间、企业家与创业导师之间的相互交流形成了生态圈内的信息流动网络，并带动了生态圈内部人才、资本、信息、服务等要素的合理流动。从外部看，围绕创新创业主体，以科技项目为载体，形成包括技术研发、产品设计、市场信息、供应链管理、金融、保险、投资、广告、培训、会计师和律师等在内的全产业链发展。且随着内外部要素的双向流通，形成了创新企业大赛生态圈，如图8-4所示。在以上要素的共同作用下，形成了分工协作、良性运行、螺旋式上升的大赛生态圈。

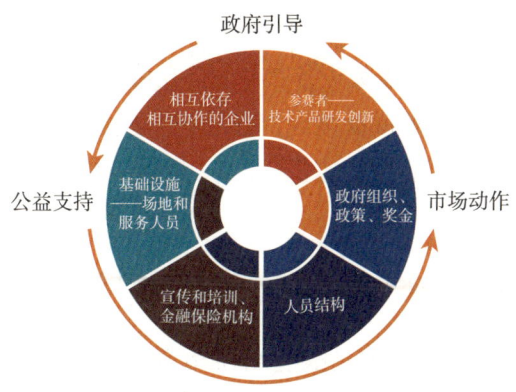

图 8-4　创新创业大赛生态圈

二、大赛的发展趋势分析

新的时代背景下，大赛不断创新办赛模式，引导创新创业提档升级。

（一）办赛模式不断创新

模式的创新是创新创业大赛丰富内容、活跃形式、彰显品牌的重要抓手，不断提升着创新创业的质量和水平。办赛模式创新主要体现在以下两个方面。

一是办赛方式创新。创新创业大赛紧跟创新的时代步伐，不断创新办赛方式，已经由单纯主赛场+地方赛的方式向多样化转变：主赛场+分赛场模式+区域赛；结合线下赛（现场赛）+线上赛同步赛；引进主赛场+分赛场模式；主区域+N个区域模式等。例如，河北省创新创业大赛可以结合京津冀协同发展、"一带一路"战略和雄安新区规划建设等发展新形势，在未来设置雄安新区板块、京津冀板块和"一带一路"为主题的专项赛事，既适应抢抓机遇、适应新形势的需要，也加快推进大赛向高水平发展。

二是服务模式创新。创新创业大赛作为汇聚创新资源的综合平台，可以进行大赛模式创新。例如，可以探索 PPT、讲演、动漫、实景等多样化展示，探索专家单一视角审视、高层专家在线审视等多维互动式交流，探索截面数据、

信息系统数据、分开数据总体分析等核实方法。通过模式创新，推进大赛向着更加公开、公正的方向发展，也促进各参与主体在创新创业大赛平台上得到交流、对接、合作，促进产学研的深度结合，有效解决企业、科研机构、创新创业团队的需求，将参与者的创业过程实现从创新过程到实践的应用，推动创新创业大赛水平不断提升。

（二）赛事领域不断扩展

随着科技的不断进步和信息化建设的加快推进，创新创业大赛从现有的六类行业向新兴行业辐射，不断拓宽办赛领域。

一是借助赛事品牌影响力，不断拓展企业研发领域。对企业而言，围绕本行业核心技术，不断深化和拓展技术领域，创新出新产品、新服务，并开拓新市场。以大赛为载体，加速企业的发展壮大，做成行业的领跑者。

二是瞄准创新创业新趋势，不断拓宽赛事领域。随着新兴产业的不断壮大，由技术创新培育出新产品、打造新的产业链，甚至开拓出新的产业细分领域，并不断衍生为新兴产业，创新创业大赛的领域也会朝着越来越多的新兴行业拓展。例如，未来时期，河北省创新创业大赛将围绕现代通信、新型显示、大数据、轨道交通装备、机器人、氢能、新能源汽车等若干产业领域创新需求，举办国内前端技术领域赛事，通过大赛平台，加快河北省战略性新兴产业创新发展。

（三）品牌价值不断提升

品牌价值的提升表现在两个方面：一是大赛品牌影响力的提升，二是企业品牌市场价值的提升。

从大赛品牌看，随着比赛规模和影响力的不断扩大，创新创业大赛已经成为一张闪亮的名片。正是在创新创业大赛品牌价值导向下，正吸引越来越多的企业和创新团队加入创新创业大赛中，也在不断提升着大赛的规模和档次。同时，大赛荣誉将会给获奖者带来经济和社会效益，进而形成一种相互影响、相互促进、和谐共生的良性发展机制。

从企业来看，创新创业大赛为企业打造了一个免费、高层次的宣传平台，很多产品与服务都可通过大赛平台将科技成果、产品、服务推向社会各个市场各个领域，如银行、保险、交通运输、医疗、教育、市场营销等，进而实现产业链条的有机集合。未来时期，越来越多的创新者将借助创新创业大赛平台，在自主创新和自主品牌上实现突破，从而也进一步提升创新创业大赛的品牌价值。

（四）大赛机制不断完善

大赛机制是保障整个赛事活动顺利、高效运行的基本条件。从举办首届大赛到每年一届的创新创业大赛，不断积累办赛经验，大赛的运行机制越来越完善。

顺应办赛方式创新完善运行机制。创新创业大赛紧跟年度新形势、新任务、新部署，创新办赛方式和模式，这就要求相应的组织运行机制也将不断创新完善，以更好地适应大赛的新变化。例如，新设赛场、新增主体、新推政策等，都需要及时完善相应的运行机制，保障大赛每个环节联动、有序、顺利地开展。

顺应赛事领域拓展完善运行机制。创新创业大赛的每一个环节、每一个构成的变化，都会引起相应的设计、人员、服务等要素的变动。因此，在大赛运行过程中，需要调整相应的组织机制，形成组织者、参与者、服务者、关注者等全方位的互动完善机制。

顺应大赛新趋势完善运行机制。对创新企业和团队实施"无障碍进出"的机制和政策是对创新创业者的鼓励。对科技型中小企业和创新团队进行优惠政策支持、奖励政策支持、引导性政策支持、完善相关机制等，都是对大赛持续性发展的必要支持。信息技术发展、新型技术基础设施的来临，以及交流平台的提升等都会带来创新创业大赛机制的完善与提升。

三、以积极姿态创新发展

习近平总书记在全国科技创新大会上指出："营造让科技成果不断涌现的土壤"，"允许科学家自由畅想、大胆假设、认真求证"，"要让领衔科技专

品牌 平台 机制

家有权有职,有更大的技术路线决策权、更大的经费支配权、更大的资源调动权",“使蕴藏在亿万人民中间的创新智慧充分释放、创新力量充分涌流"。大赛作为最大的创新平台,吸引了各类创新创业群体,也正以积极的姿态参与到创新发展中。

(一)组织者

组织者作为创新创业大赛的承办机构,担负着组织引导作用。

一是大赛组织者坚持创新理念,进一步激发社会公众创新创业热情,营造大赛的良好氛围,展示创新创业活动成果,弘扬创新创业文化,提升社会影响力。未来时期,大赛组委会可采用面向全社会进行大赛主题曲、LOGO、吉祥物、"创业故事"等公开征集活动,更好地展示大赛的主题,提升大赛的价值,塑造逐渐完美的大赛品牌形象。

二是大赛组织者精心谋划大赛,做到赛前、赛中和赛后的无缝连接。组织者广泛借助多平台进行大赛的报名宣传,如赛前的启动仪式更加具体化,包括赛事赛制、奖励支持政策,为组织单位、孵化器(众创空间)、企业、高校、科研机构、团队等参与者做好赛事的动员巡讲活动;比赛中的过程宣传,包括为参赛选手进行必要的集中训练(创业训练营),通过项目路演的方式进行经验分享、现场互动、虚拟众筹等活动。同时在比赛中,举办必要的专家主题演讲、优秀企业家创业心得分享、创业导师拓展训练等,来帮助创业者拓宽视野,提升素质;赛后的持续性跟进,包括大赛获奖选手的路演、大赛的回顾、创业者的感言等,以多种多样、丰富多彩的形式去展示创新创业的魅力,真正做到为创新创业者提供良好的环境。

(二)参与者

参与者作为创新创业大赛的主体,担负着由一般参与者到竞争者再到行业领跑者的角色。

一是科技型中小企业以更加积极的姿态参加赛事。企业的创新活动是一项风险大但效益高的科技活动，其中包含着许多市场失灵环节和领域。从美国等发达国家的经验来看，无论是在电子信息，还是新能源、新材料领域，新技术要素的创造和新技术领域的开拓都来自科技型中小企业，作为参与者之一，以积极的姿态参与比赛，要做好行业的前沿"领跑者"角色，也可以在参与、竞争中消除、降低市场失灵带来的负面影响。

二是创新创业团队以大赛"试金"。创新团队的来源各不相同，有来自高校的大学生，有来自众创空间的创业者，也有来自于各行各业的科技爱好者，还有新兴科技人才或者团队也将加入其中，他们的参与壮大了创业的队伍。这些创业者拥有的主要资源就是知识和创意，创业的梦想需要通过一个孵化过程，将其转化成有经济价值的技术、产品或者服务，并经过大赛的初步验证，并辅以多方面的配套支持，使其技术、产品或者服务从"胚胎"到"婴儿"。对他们来讲，通过参与创新创业大赛，可以分享创新创业经验，拓宽交流渠道，完善创新创业设想，提高创新创业成功率。

（三）服务者

作为大赛的服务者，在整个创新创业大赛中为参赛企业和团队提供多元化的服务，自身也能够在高品质服务中获得发展，这也是应当积极参与的重要原因。当前及未来重点提升的服务包括以下方面。

一是高水平培训服务。为参赛企业和团队做好各方面服务，尤其是创新创业培训服务，是创新创业大赛的重要内容。大赛将围绕不同行业、不同领域的参赛者，设置包括赛前辅导、赛中展示、赛后跟踪等一系列主题丰富、形式灵活的培训服务。例如，在比赛过程中，针对参赛群体，将举办专家主题演讲、行业领军企业家论坛、企业融资对接峰会、创新创业专题辅导等活动，网罗最优质的创新人才、技术、资本等要素资源，为参赛企业和团队服务。

二是更符合需求的融资服务。在现代全社会创新创业热情高涨的大环境下，企业的创立、生存和发展，一般都需要资本支持。资本是经济的血脉，是企业经济活动必不可少的发展要素。通过创新创业大赛平台，将为银行、投融资机

构提供交流、合作、审核、发现等机会，能够更加精准地实现金融资本与创新创业活动的对接。这对金融机构、创业投资等是一个低成本、高效率的平台，积极参与、主动对接是必然的选择，也是理性的选择。

三是高品质科技服务。随着大赛运行机制的不断完善，大赛将围绕获奖项目的科技转化做好服务，构建精细化、全方位、便捷化的服务体系和专门机构，通过线上和线下企业、投融资机构、服务机构的多方交流合作，使企业和团队的科技成果及时转化为现实的生产力。同时将大赛获奖成果与其相应的服务机构对接，为企业科技创新市场化提供全过程服务。这既是创新创业大赛所需，也是科技服务中介创新发展的重要途径，还是不断提升影响力的高平台。

（四）支撑者

政府相关部门作为创新创业大赛最有利的支撑者，瞄准科技型中小企业发展中的瓶颈和短板，积极出台相应的支持政策，助推创新创业活动不断深入，促进创新型企业不断发展壮大，这既是政府相关部门的职责所在，也是企业创新发展之所需，相关部门主动参与、积极参与是自然的选择。服务的重点是加大政策支持，辅助企业积极申请相关资金，出台引进高层次人才政策，认定一批基地进行典型示范。

1. 做好企业和团队创新创业服务

针对大赛获奖企业和团队，不断加大支持力度。同时，做好相应的服务，积极帮助企业开展技术攻关、成果转化及科技项目申报等辅助工作，为科技型中小企业提供资本、信息、人才、技术、服务、政策等相关信息服务。

2. 加大高端专业人才的引培力度

借助大赛品牌影响力，发挥企业引才主体作用，聚焦人工智能技术、新一代信息通信技术、大数据技术、新材料技术、现代交通技术等为代表的未来产业，鼓励企业引进一批国际高端人才和创新团队。企业用于招才引智的投入包括薪酬等支出实行税前扣除。对于带技术、带成果、带项目的高层次人才可以积极给予职称评定、项目申请、税收等方面的优惠政策。

3. 培育发展一批高水平"双创"示范基地

针对大赛获奖的企业和团队,出台相应的支持政策,鼓励其提升发展质量和水平,争创国家级和省级"双创"示范基地,同时提升"互联网+"创新创业服务能力,健全"众创空间—孵化器—加速器—科技园区"全链条科技企业孵化育成体系。

附 录

附录A

河北省第六届创新创业大赛组委会

主办单位
河北省科学技术厅

支持单位
河北省财政厅
河北省教育厅
河北省互联网信息办公室
河北省工商业联合会

承办单位
河北省科技型中小企业技术创新资金管理中心

协办单位
河北省协同创新中心
石家庄金志文化传播有限公司

附录B

河北省第六届创新创业大赛行业赛承办协办单位

（一）军民融合行业赛

承办单位
河北省科技型中小企业技术创新资金管理中心
石家庄市鹿泉区人民政府

协办单位
石家庄市鹿泉区科学技术局
石家庄金志文化传播有限公司

（二）生物医药行业赛

承办单位
河北省科技型中小企业技术创新资金管理中心
石家庄高新技术产业开发区管理委员会

协办单位
石家庄高新技术产业开发区科学技术局
石家庄金志文化传播有限公司

| 附 录

附录 C

第七届中国创新创业大赛（河北赛区）暨河北省第六届创新创业大赛获奖名单

附表 C-1　一等奖获奖名单

称号	企业/团队	项目名称	技术领域	类型	地区
1	廊坊市智恒机器人科技有限公司	应急侦测特种机器人	先进制造	初创组	廊坊
2	河北东森电子科技有限公司	飞机上互联网接入用 Ka/Ku 双模氮化镓固态卫星通信发射机	军民融合	成长组	石家庄
3	河北华凯光子科技有限公司	溴化镧铈闪烁晶体与探头的研发和生产	新材料	初创组	保定高新区
4	河北菲尼斯生物技术有限公司	类风湿关节炎创新药 FNS007 研发	生物医药	成长组	石家庄高新区
5	脑科学微电极阵列研发项目组	脑科学微电极阵列	生物医药	团队组	石家庄
6	承德奥斯力特电子科技有限公司	一种新型离子刻蚀枪的研发与应用	电子信息	成长组	承德
7	河北中科信通电子科技有限公司	北斗三号物联网芯片研发及军民融合应用服务平台建设	军民融合	成长组	石家庄
8	石家庄金士顿轴承科技有限公司	氢燃料电池用空气压缩机	新能源及节能环保	成长组	辛集
9	保定中创燕园半导体科技有限公司	新型图形衬底及衬底复活项目	新材料	成长组	保定
10	随身译河北网络科技有限公司	DD 翻译官	互联网	初创组	石家庄高新区
11	秦皇岛红燕光电科技有限公司	海水 COD 光学原位传感器产业化及应用推广	电子信息	成长组	秦皇岛

续表

称号	企业/团队	项目名称	技术领域	类型	地区
12	河北三德济辰生物科技股份有限公司	生物反应器成套自动化控制技术研究	生物医药	初创组	石家庄高新区
13	全息汉字秦皇岛科技有限公司	字母化国际汉语	互联网	初创组	秦皇岛
14	河北砺兵科技有限责任公司	实弹射击训练系统	军民融合	初创组	石家庄
15	河北利至人力资源服务有限公司	"工作链"灵活用工招聘服务平台	互联网	成长组	石家庄
16	河北通涛管业集团有限公司	承插热熔式物联网功能排水管道	先进制造	成长组	辛集
17	河北鑫考教育科技股份有限公司	基于人工智能的智慧教育应用	互联网	成长组	衡水
18	梦之旅	全息投影	电子信息	团队组	保定
19	美旅河北旅游开发有限公司	第五代智能微水直排式防冻防臭静音蹲坐便器	新能源及节能环保	成长组	石家庄
20	芦苇花开	芦苇花开——雄安新区白洋淀芦苇资源生态路径探索	新材料	团队组	保定
21	河北盛世博业科技有限公司	基于虚拟现实技术的消防灭火多人协同训练系统	电子信息	成长组	邢台
22	河北勤思教育科技有限公司	自发电无线遥控器	电子信息	初创组	石家庄
23	河北物图科技有限公司	交通三维信息系统平台	电子信息	初创组	石家庄
24	梦之旅团队	多功能可编程物联网控制器	电子信息	团队组	辛集
25	河北冀云气象技术服务有限责任公司	基于大数据分析建立智慧气象精准化气象服务平台	互联网	成长组	石家庄
26	超凡科技团队	百睿星智能爬行垫	互联网	团队组	秦皇岛

续表

称号	企业/团队	项目名称	技术领域	类型	地区
27	智路团队	基于窄带物联网的智能路灯系统	互联网	团队组	石家庄高新区
28	结构环境信息感知技术研发团队	结构环境信息感知技术研发	互联网	团队组	石家庄
29	变电站智能安全管控小组	基于3D虚拟仿真技术和智能穿戴设备的变电站智能安全管控系统	互联网	团队组	保定高新区
30	石家庄创天电子科技有限公司	基于核心算法的集成电路（芯片）设计平台	军民融合	成长组	石家庄高新区
31	Smart科技	智能测力刀柄系统	军民融合	团队组	秦皇岛
32	河北东康生物科技有限公司	一种抗动脉硬化组合药物的研发	生物医药	成长组	石家庄高新区
33	慧识科技团队	一种基于区块链和GIS的中药鉴别及数据共享系统	生物医药	团队组	石家庄高新区
34	河北艾斯特瑞亚科技有限责任公司	碟式制动器研发	先进制造	成长组	邯郸
35	森阳机械制造	斜切鱼片机	先进制造	团队组	邢台
36	农业小帮手	"魔爪"冬枣冬枣无损采摘机	先进制造	团队组	保定
37	燕工科技	基于特种螺杆的瓶体供送系统	先进制造	团队组	秦皇岛
38	河北越尚增材制造科技有限公司	3D打印陶瓷新材料	新材料	初创组	保定
39	研创团队	绿色合成助推剂——一种用于精细化学品合成的高效镍基纳米催化剂	新材料	团队组	保定
40	纳客联合化学	反红外隔热纳米二氧化钛复合材料	新材料	团队组	石家庄
41	河北唯沃环境工程科技有限公司	高效低阻控霾抑雾除尘技术及装备	新能源及节能环保	成长组	邯郸
42	河北益飞特化工科技有限公司	超级降磨损材料为节能减排保驾护航	新能源及节能环保	成长组	石家庄

续表

称号	企业/团队	项目名称	技术领域	类型	地区
43	河北中能高聚新能源科技有限公司	新能源纯电动汽车换电技术	新能源及节能环保	初创组	石家庄
44	生物炼制与绿色溶剂	低共熔溶剂与燃料乙醇	新能源及节能环保	团队组	石家庄
45	助渔科技	河北助渔科技有限公司	新能源及节能环保	团队组	保定
46	乐踏	基于逆电润湿原理的楼梯踏步发电垫	新能源及节能环保	团队组	保定

附表C-2 二等奖获奖名单

序号	企业/团队	项目名称	技术领域	类型	地区
1	三河市鼎科远图科技有限公司	双超型可视化配电网状态监测系统	电子信息	成长组	廊坊
2	秦皇岛视翼科技有限公司	视翼VR虚拟装配整体解决方案	电子信息	成长组	秦皇岛
3	河北景泰矿山设备制造有限公司	矿山运输云智能系统	电子信息	成长组	邯郸
4	河北湛泸软件开发有限公司	河北殡葬平台及"967444"呼叫中心	电子信息	成长组	石家庄
5	河北九州新图信息技术有限公司	用于架空线路通道树障巡检与仿真预测的无人机机载激光雷达测量系统	电子信息	成长组	石家庄高新区
6	石家庄微泽科技有限公司	C70货车VR电子练功系统	电子信息	初创组	石家庄高新区
7	三河市宏创杰讯科技有限公司	智能高速上网排插	电子信息	初创组	廊坊
8	秦皇岛京河科学技术研究院有限公司	SiC功率JBS器件	电子信息	初创组	秦皇岛

续表

序号	企业/团队	项目名称	技术领域	类型	地区
9	承德镔裔电子科技有限公司	无人飞艇	电子信息	初创组	承德
10	维卡智能	维卡幻境-全息窗	电子信息	团队组	廊坊
11	北斗泛位置应用产品研发	一机多天线高精度RTK测量系统	电子信息	团队组	廊坊
12	有面儿	Hy-Mental(馒头)——一款基于人工智能与VR技术的心理健康诊疗平台	电子信息	团队组	保定
13	五格殿下	少儿编程教育课程及配套教具	电子信息	团队组	衡水
14	溯农	溯农产品质量追溯平台	电子信息	团队组	邢台
15	河北乐聪网络科技股份有限公司	AR魔法兽	互联网	成长组	廊坊
16	河北神玥软件科技股份有限公司	手机公积金	互联网	成长组	石家庄
17	河北优思物联网科技有限公司	社区物联网管控系统	互联网	成长组	石家庄
18	石家庄蜻蜓皓科科技有限公司	竹蜻蜓全球知识产权交易平台	互联网	成长组	石家庄高新区
19	亿创未来(廊坊)科技发展有限公司	沃试试APP,从此,让购买不再后悔(基于AR技术研发的一套柔性体验营销系统)	互联网	初创组	廊坊
20	盲视中文秦皇岛科技有限公司	盲视中文	互联网	初创组	秦皇岛
21	河北扫仙科技有限公司	AR仙APP	互联网	初创组	石家庄高新区
22	志成团队	购物终端自助结算消磁系统APP	互联网	团队组	秦皇岛
23	蜜蜂小队	"家乐巴巴"无忧装修平台	互联网	团队组	廊坊

续表

序号	企业/团队	项目名称	技术领域	类型	地区
24	春泥小队	"捐赠无恙"精准扶贫电商平台	互联网	团队组	廊坊
25	美育达人	我形我塑:绽放自我,筑梦启航	互联网	团队组	承德
26	智联团队	农车通——农村车信息服务有限责任公司	互联网	团队组	保定
27	嘉信彗联科技团队	"无G通信"——一种不依赖现有基础网络的通信工具	互联网	团队组	秦皇岛
28	河北盛多威泵业制造有限公司	偏摆容积式高压水泵	军民融合	成长组	石家庄
29	河北中科恒运软件科技股份有限公司	自然交互混合现实系统	军民融合	成长组	石家庄高新区
30	河北时硕微芯科技有限公司	长延时大带宽声表面波延迟线	军民融合	成长组	廊坊
31	河北晶禾电子技术股份有限公司	晶禾北斗射频组件	军民融合	成长组	石家庄
32	迁安清核材料科技有限公司	轻型高韧性防弹碳化硼陶瓷产品的研制	军民融合	成长组	唐山高新区
33	石家庄云鼎科技有限公司	多旋翼无人飞行器	军民融合	初创组	石家庄
34	河北酷神智能科技有限公司	基于NB-IOT的智能烟感	军民融合	初创组	石家庄
35	中研新材科研团队	微纳叠层铜基复合材料	军民融合	团队组	石家庄
36	科诺博奥机器人团队	力位混合控制高精度六自由度并联机器人	军民融合	团队组	廊坊
37	燕宇星航	新型航空自润滑关节轴承用聚酰亚胺/石墨烯自润滑复合材料	军民融合	团队组	秦皇岛
38	河北奥特维力医疗器械有限公司	多波段光谱治疗仪	生物医药	成长组	石家庄

续表

序号	企业/团队	项目名称	技术领域	类型	地区
39	石家庄翰纬医疗设备有限公司	远程心电监护服务云平台	生物医药	成长组	石家庄高新区
40	河北森朗生物科技有限公司	通用型CAR-γδT的研发与制备	生物医药	成长组	石家庄高新区
41	石家庄华摩达科技有限公司	15联呼吸道病毒多重荧光实时定量PCR检测试剂为代表的病原微生物多重基因鉴别诊断	生物医药	成长组	石家庄高新区
42	唐山市博世德医疗器械有限公司	硅凝胶负压引流敷料	生物医药	成长组	唐山
43	石家庄博瑞迪生物技术有限公司	基因捕获技术-新一代动植物分子育种利器	生物医药	初创组	石家庄高新区
44	石家庄卢米特生物科技有限公司	原醛症诊断试剂盒（磁微粒化学发光法）	生物医药	初创组	石家庄高新区
45	河北易陈堂医药科技有限公司	全负极能量灸理疗仪	生物医药	初创组	石家庄高新区
46	涅槃科技	基于Leap Motion与VR的手指康复训练系统	生物医药	团队组	秦皇岛
47	速检吉禽生物科技有限公司	速检吉禽生物科技有限公司	生物医药	团队组	保定高新区
48	禽易好动物药业	禽易好动物药业有限公司	生物医药	团队组	保定
49	新世纪新生物创新团队	牛结核病创新菌苗的研制	生物医药	团队组	石家庄高新区
50	河北立格新材料科技股份有限公司	长纤维增强热塑性材料	先进制造	成长组	保定
51	秦皇岛燕大一华机电工程技术研究院有限公司	有源液压智能故障诊断测试设备及配套服务	先进制造	成长组	秦皇岛

续表

序号	企业/团队	项目名称	技术领域	类型	地区
52	石家庄高新区天遥航空设备科技有限公司	激光甲烷（天然气）无人机巡检系统	先进制造	成长组	石家庄高新区
53	河北诚铸机械集团有限公司	病死畜禽干化法无害化处理成套设备	先进制造	成长组	沧州
54	秦皇岛燕盛智能科技有限公司	汽车轻量化零部件生产智能专家库系统	先进制造	初创组	秦皇岛
55	烽火科技河北有限公司	机场探鸟雷达（暨低慢小目标探测雷达）	先进制造	初创组	石家庄高新区
56	河北林平科技有限责任公司	智能机械式移动车库	先进制造	初创组	石家庄高新区
57	不倒翁	全自动滚筒式毛绒玩具毛须物清理机及其产业化	先进制造	团队组	邯郸
58	瑞森科技创业团队	谐振腔微扰技术的湿度测量系统	先进制造	团队组	保定
59	天宇战队	大枣智能采收机	先进制造	团队组	保定
60	东益创业团队	智能床上便溺器	先进制造	团队组	秦皇岛
61	邢台九明科技有限公司	预制袋四充填重量计测水平直线全自动包装机	先进制造	团队组	邢台
62	河北奥索电子科技有限公司	基于新型压电复合材料的高性能超声换能器	新材料	成长组	邢台
63	廊坊市高瓷新材料科技有限公司	纳米陶瓷铝基覆铜板	新材料	成长组	廊坊
64	君恒河北药用玻璃制品有限公司	中性硼硅药用玻璃生产项目	新材料	成长组	邯郸
65	河北燕园众欣石墨烯科技有限公司	石墨烯及下游应用研发	新材料	初创组	辛集
66	胶佼者	光致失粘胶—电子元件切割的秘密武器	新材料	团队组	廊坊

194

续表

序号	企业/团队	项目名称	技术领域	类型	地区
67	绿达团队	黄桃皮渣可食性薄膜制备及性能研究	新材料	团队组	保定
68	光化团队	节能型多彩热反射隔热涂料	新材料	团队组	秦皇岛
69	国文电气股份有限公司	新能源电动汽车充电桩	新能源及节能环保	成长组	保定高新区
70	秦皇岛格瑞因环境工程有限公司	VOC治理"革命"	新能源及节能环保	成长组	秦皇岛
71	中亨新型材料科技有限公司	HVIP保温一体化建筑免拆模板	新能源及节能环保	成长组	邯郸
72	中清华宁承德太阳能科技股份有限公司	柔性晶硅太阳能电池	新能源及节能环保	成长组	承德
73	河北晶通建筑科技股份有限公司	晶通全装配式钢结构节能建筑	新能源及节能环保	成长组	邯郸
74	保定蓝典极岸专业设计有限公司	"空气洗"新概念洗衣机	新能源及节能环保	成长组	保定高新区
75	河北天泓环保科技有限公司	电催化氧化水处理设备	新能源及节能环保	成长组	辛集
76	唐山默盾科技有限公司	煤质在线检测系统	新能源及节能环保	初创组	唐山高新区
77	河北百时得能源环保科技有限公司	智能四通调节阀	新能源及节能环保	初创组	邯郸
78	生态城市建设小分队	一种针对工业区非点源重金属污染的生物过滤系统	新能源及节能环保	团队组	秦皇岛
79	水面卫士	智能操控的零排放水面清理装置	新能源及节能环保	团队组	石家庄
80	runner	爱途适—智能发电行李箱	新能源及节能环保	团队组	石家庄高新区

续表

序号	企业/团队	项目名称	技术领域	类型	地区
81	秦燕清洁供热小组	基于工业余热高效利用的城市建筑清洁供能新技术研发与产业化	新能源及节能环保	团队组	秦皇岛
82	华北电力大学(保定)宜农温室科技	主动式温室卵石床与地下蓄热互补系统	新能源及节能环保	团队组	保定
83	沼气护卫队	沼气池的新生——基于物联网的沼气测控系统	新能源及节能环保	团队组	沧州
84	爱尔智造科技创新团队	AirGuard新型负离子空气净化器	新能源及节能环保	团队组	保定
85	EV科技有限责任公司	电动汽车动力电池组健康监测系统	新能源及节能环保	团队组	保定高新区

附表C-3 三等奖获奖名单

序号	企业/团队	项目名称	技术领域	类型	地区
1	廊坊瑞立达智能机器有限公司	智能尿床检测系统	电子信息	成长组	廊坊
2	河北同雁科技有限公司	指静脉生物识别项目	电子信息	成长组	石家庄高新区
3	河北千森电子科技有限公司	高点全景AR高清违法采集抓拍系统	电子信息	成长组	石家庄高新区
4	康明斯天远（河北）科技有限公司	基于车联网大数据的车队管理系统IEMS	电子信息	成长组	石家庄高新区
5	河北大沃农业科技有限公司	基于"1+N+IBMS"投建管服一体化模式的现代农业物联网基础设施建设	电子信息	成长组	石家庄高新区
6	河北零一电子科技有限公司	光纤带电自动检测系统	电子信息	成长组	石家庄
7	张家口博雅达通讯技术有限公司	过电压保护模块及系列产品	电子信息	成长组	张家口

续表

序号	企业/团队	项目名称	技术领域	类型	地区
8	恒业世纪安全技术有限公司	HY6102BG 消防应急广播电话系统	电子信息	成长组	秦皇岛
9	承德新辰电子科技有限公司	无线远距离视频与环境监控系统	电子信息	初创组	承德高新区
10	河北云伯科技有限公司	婴睡守护智能垫	电子信息	初创组	辛集
11	保定河软机器人科技有限公司	变电站巡检机器人	电子信息	初创组	保定
12	河北汉瑞交通科技有限公司	侧轨式无间距智能交通系统	电子信息	初创组	石家庄
13	小马智农	小马智农	电子信息	团队组	秦皇岛
14	共享包装箱	共享包装箱	电子信息	团队组	秦皇岛
15	数码人科技	面向远程遥控工程机械的沉浸式三维临场感知系统	电子信息	团队组	秦皇岛
16	我想静静	"静静精灵"前台助手	电子信息	团队组	保定
17	雄锐科技团队	LED 智慧型绿色光源	电子信息	团队组	保定
18	砥砺前行	产生等离子体晶体的应用项目	电子信息	团队组	保定高新区
19	贝加 AI 科技	脑控智能 AI 训练机器人	电子信息	团队组	保定高新区
20	河北茗漫信息技术有限公司	茗卡通"动漫+"互联网新媒体、自媒体营销项目	互联网	成长组	廊坊
21	河北普及达电气设备科技有限公司	交直流运维一体化管理平台	互联网	成长组	邯郸
22	河北驰凯科技有限公司	"无锁不在"——以智能锁为基础的智慧出入解决方案	互联网	成长组	秦皇岛
23	秦皇岛智隆网络科技有限公司	云车间	互联网	成长组	秦皇岛

续表

序号	企业/团队	项目名称	技术领域	类型	地区
24	河北沃享信息技术有限公司	医疗大数据集成应用平台建设及推广项目	互联网	成长组	衡水
25	河北华飞信息科技有限公司	云衣定制平台	互联网	成长组	石家庄高新区
26	秦皇岛求索信息技术有限公司	基于移动互联网、物联网下的智慧旅游文化云平台	互联网	成长组	秦皇岛
27	河北欧奇玛克网络科技有限公司	欧洲本土B2C跨境电商平台项目	互联网	成长组	石家庄高新区
28	邢台印迹建材有限公司	LED补光除雾镜	互联网	成长组	邢台
29	石家庄正和网络有限公司	互联网+再生资源服务平台	互联网	成长组	石家庄高新区
30	河北万乾网络科技有限公司	绘本阅读：构建儿童理想的智能阅读平台	互联网	成长组	石家庄
31	秦皇岛小马物联网科技开发有限公司	小马网络监管云平台（餐饮网络监管）	互联网	成长组	秦皇岛
32	秦皇岛易云互动网络科技有限公司	基于云计算的科普信息化解决方案	互联网	成长组	秦皇岛
33	智跃科技有限公司	《智跃传播》三农视频信息免费发布平台	互联网	成长组	石家庄
34	河北中科慧数科技有限公司	孵化器大数据	互联网	初创组	邯郸
35	石家庄巍巍信息技术有限公司	管理软件快速开发	互联网	初创组	石家庄
36	河北海农科技有限公司	智慧渔业养殖大数据共享平台	互联网	初创组	唐山
37	妙辰信息科技河北有限公司	MC智慧商圈	互联网	初创组	石家庄高新区
38	沧州富熊源创网络科技有限公司	富熊源创电商平台	互联网	初创组	沧州

续表

序号	企业/团队	项目名称	技术领域	类型	地区
39	保定市泰霂网络科技有限责任公司	"泰霂bank"社工+服务共享平台	互联网	初创组	保定高新区
40	河北瀚航天下科技有限公司	心迹	互联网	初创组	石家庄高新区
41	智孝团队	智孝——面向空巢家庭的监护、陪伴型智慧孝老平台	互联网	团队组	廊坊
42	灵跑数字工作室	数字化儿童智能交互娱教产品	互联网	团队组	秦皇岛
43	博维智风	风电装备故障预警与健康管理系统	互联网	团队组	秦皇岛
44	智能服务团队	互联网+大数据时代的智能洗衣机	互联网	团队组	廊坊
45	智联实验室创新团队	智联实验室智能管理系统	互联网	团队组	保定
46	峥嵘队	基于Triz理论与3D打印之对PCB制作工艺改进	互联网	团队组	秦皇岛
47	云维创客团队	云服务电梯设备智能运维管理	互联网	团队组	保定高新区
48	智慧课堂	偶学吧智慧课堂	互联网	团队组	邯郸
49	瓴创团队	悠游邯郸APP	互联网	团队组	邯郸
50	奋斗在田间的小黄牛	互联网+大数据智能无人播种机	互联网	团队组	廊坊
51	车友科技	基于车联网的驾驶状态监测系统	互联网	团队组	秦皇岛
52	沼专家	沼专家科技责任有限公司	互联网	团队组	保定
53	考考	考考在线测试	互联网	团队组	石家庄高新区
54	轻创星空	轻创智能垃圾桶	互联网	团队组	秦皇岛

续表

序号	企业/团队	项目名称	技术领域	类型	地区
55	益创之梦	基于互联网时代的新型公益性宠物综合服务机构	互联网	团队组	廊坊
56	三个臭皮匠团队	校乐淘共享平台	互联网	团队组	石家庄高新区
57	物流车团队	高效智能快递分拣物流车	互联网	团队组	保定
58	新农人	"菜帮"果蔬产供销一体化	互联网	团队组	石家庄高新区
59	优客设计公司	河北省非遗数字化创新平台建设	互联网	团队组	廊坊
60	虎德文化事业发展创业团队	虎德共享儿童图书	互联网	团队组	廊坊
61	守爱团队	守爱—基于支教团的留守儿童精准帮扶平台	互联网	团队组	唐山
62	东研团队	创新创业科研资源共享平台	互联网	团队组	秦皇岛
63	种花家	种花家—面向儿童的智慧盆栽	互联网	团队组	廊坊
64	乐创团队	学霸养成APP	互联网	团队组	石家庄
65	枫叶冠军团队	环京津户外健身休闲公共服务平台开发	互联网	团队组	石家庄
66	自由行之队	享游	互联网	团队组	石家庄
67	佩奇一家	家庭式术后护理	互联网	团队组	石家庄
68	king team	构建校园宿舍文化平台	互联网	团队组	石家庄
69	1903创客空间	基于Hadoop平台的无线网络大数据智能感知应用系统	互联网	团队组	承德
70	咪图网络科技	咪图动漫游记	互联网	团队组	邯郸
71	Findstar	Findstar综合性大学生自媒体公众平台	互联网	团队组	石家庄

续表

序号	企业/团队	项目名称	技术领域	类型	地区
72	鹰雁之翔	E医易	互联网	团队组	石家庄高新区
73	小青丹	田园体验馆—服务平台	互联网	团队组	邯郸
74	Double X	乡遇电子商务网站及APP	互联网	团队组	石家庄
75	北洋合伙人	潜舍——针对中老年人的特色民宿品牌	互联网	团队组	廊坊
76	知了	知了广告工作室	互联网	团队组	石家庄高新区
77	再回首红色旅游队	"赶考路"红色旅游文化创意公司	互联网	团队组	石家庄
78	鲸鱼工作室	外卖自取箱	互联网	团队组	石家庄高新区
79	梦蓝	New Experience（新体验）科技有限公司	互联网	团队组	邯郸
80	云端筑梦队	"天外弦音"音乐播放器	互联网	团队组	石家庄
81	以盒为柜	快存智能化存储箱	互联网	团队组	石家庄
82	燎原之心	来此GO	互联网	团队组	石家庄
83	花儿与少年	爱的护理	互联网	团队组	石家庄
84	凤之彩	知音相觅	互联网	团队组	石家庄
85	汇森网络科技	基于微信公众平台的小程序接口开发的标准化软件系统后台	互联网	团队组	辛集
86	河北达信电子科技有限公司	无人机管制项目	军民融合	成长组	石家庄
87	河北三丰航空科技发展有限公司	基于相控阵三坐标雷达的低空防御一体化系统	军民融合	成长组	邯郸
88	河北翔拓航空科技有限公司	基于小微型无人机的目标智能定位系统	军民融合	成长组	石家庄

续表

序号	企业/团队	项目名称	技术领域	类型	地区
89	鹰领航空高端装备技术秦皇岛有限公司	特种车辆装配数字化成套装备及智能管控系统	军民融合	成长组	秦皇岛
90	石家庄锐创电子科技有限公司	多节点通信系统射频终端	军民融合	成长组	石家庄
91	三河市蓝思泰克光电科技有限公司	2D10A-FT9Q/H 红外光学系统	军民融合	成长组	燕郊高新区
92	石家庄恒军通信技术有限公司	一种军用高增益带有隔离带的单极性天线设计与研发	军民融合	成长组	石家庄
93	石家庄中材博瑞节能科技有限公司	负离子疗养空质机	军民融合	初创组	石家庄
94	河北亮剑科技有限公司	射电空域观测网络	军民融合	初创组	石家庄高新区
95	天慧科技	基于视觉触发检测的机械臂控制	军民融合	团队组	秦皇岛
96	鼎康科技	基于虚拟场景的可穿戴康复训练系统	军民融合	团队组	秦皇岛
97	BIME 创新创业实践团	基于刚柔耦合系统的可穿戴式外骨骼机器人	军民融合	团队组	秦皇岛
98	视翼 Holo-AR	智能 AR 机械引导装配系统	军民融合	团队组	秦皇岛
99	燕山大学网络控制研究中心	跨海空介质通信水下机器人	军民融合	团队组	秦皇岛
100	燕山大学网络控制团队	基于方位信息的舰艇相对动力编队技术	军民融合	团队组	秦皇岛
101	奇芮公司	智能探测指引仪	军民融合	团队组	石家庄高新区
102	泽生制药张家口有限公司	微量注射泵	生物医药	成长组	张家口
103	河北浓孚雨生物科技有限公司	肿瘤的细胞免疫治疗关键核心技术创新、转化及产业化研究	生物医药	成长组	石家庄高新区

续表

序号	企业/团队	项目名称	技术领域	类型	地区
104	石家庄杏林锐步医药科技股份有限公司	一种普拉克索的缓释片剂、制备方法及其用途	生物医药	成长组	石家庄
105	石家庄哈顿生物技术有限公司	口蹄疫疫苗用双相（水包油包水型）佐剂	生物医药	成长组	石家庄高新区
106	河北上医堂科技有限公司	寒玉床	生物医药	初创组	石家庄高新区
107	海浪	基于防治心血管疾病的芹菜素类药物研发	生物医药	团队组	承德
108	车氏发团队	一种自动肢体康复机	生物医药	团队组	定州
109	创新研发团队	可让"平菇黄斑""滑菇黏菌"消失的出菇棚（一种新式食用菌出菇棚）	生物医药	团队组	承德
110	杏林华医队	自控式养生护腰	生物医药	团队组	石家庄高新区
111	植物止痒剂—朵爽朗修护露	植物止痒剂—朵爽朗修护露	生物医药	团队组	沧州
112	新泰	白将军农业科技有限公司	生物医药	团队组	石家庄高新区
113	远大队	叁参球	生物医药	团队组	邯郸
114	保定嘉利食品机械有限公司	智能化超蒸煮集成生产单元	先进制造	成长组	保定
115	石家庄中航机电装备制造有限公司	液气缓冲型滚轮罐耳缓冲器	先进制造	成长组	石家庄
116	河北鹏润安防科技有限公司	基于物联网的安全居住系统	先进制造	成长组	石家庄高新区
117	菲尔德（廊坊）机械自动化科技有限公司	轨道交通隔振器机器人自动化焊接系统	先进制造	成长组	廊坊
118	中研新材料股份有限公司	等离子增材制造	先进制造	成长组	石家庄
119	河北上水能源科技有限公司	无刷双馈智能交流电机	先进制造	成长组	沧州

续表

序号	企业/团队	项目名称	技术领域	类型	地区
120	河北思科立珂石油科技有限责任公司	激光共聚焦技术在录井工程中的应用	先进制造	成长组	沧州
121	石家庄弘卓机械制造有限公司	长螺旋钻孔灌注桩	先进制造	成长组	石家庄
122	唐山莱锐思科技有限公司	基于视觉的地质勘探电视分析系统	先进制造	初创组	唐山
123	永清县顺首农业机械有限公司	温室大棚智能农用运输车项目	先进制造	初创组	廊坊
124	河北飞天航空科技有限公司	涡喷精准调速燃油无刷电机	先进制造	初创组	邯郸
125	河北莱博瑞特电子科技有限公司	化学衍生仪,健康生活护航者	先进制造	初创组	石家庄高新区
126	超越梦想	双刀炮泥破碎机及其产业化	先进制造	团队组	邯郸
127	微纳传感科技	重轨铁路智能铁轨监测系统	先进制造	团队组	秦皇岛
128	Topdoz	Topdoz美妆美容智能魔镜线上平台	先进制造	团队组	廊坊
129	无致癌性金属锅铲推广团队	无致癌性金属锅铲推广项目	先进制造	团队组	廊坊
130	智新团队	智能化教学设备产品研究及产业化	先进制造	团队组	邯郸
131	苹乐粮安盟	多方位高效节能出仓机	先进制造	团队组	石家庄
132	龙吟	新一代静电吸附抓手	先进制造	团队组	邯郸
133	"心"未来手术机器人有限公司	心血管介入式手术机器人系统	先进制造	团队组	秦皇岛
134	农大启辰	海湾扇贝剥壳取贝柱装置	先进制造	团队组	保定
135	CSE工作室	便民立式回转停车亭	先进制造	团队组	廊坊
136	河北工业大学佑宁团队	捷位—消防员单兵室内定位系统	先进制造	团队组	石家庄高新区

续表

序号	企业/团队	项目名称	技术领域	类型	地区
137	优创	高精度云母水位计	先进制造	团队组	秦皇岛
138	科技创新创业团队	"云共享"远程智慧生态农业控制管理系统	先进制造	团队组	邢台
139	动力联盟	多管经旋进式管道清理机器人	先进制造	团队组	邯郸
140	徒木为信	智能多用户区域用电配置管理单元	先进制造	团队组	石家庄高新区
141	品质生活倡导者	儿童分睡培养床	先进制造	团队组	承德高新区
142	服务三农	谷子精量穴播机	先进制造	团队组	保定
143	廊坊枫叶薄膜缠绕工作室	廊坊枫叶薄膜缠绕工作室	先进制造	团队组	廊坊
144	鼎盛聚力起重设备有限责任公司	可移动式小型起重机	先进制造	团队组	廊坊
145	异想科技	运动座椅—基于三自由度的运动平台	先进制造	团队组	秦皇岛
146	智简科技	六自由度新型仓储分拣机器人	先进制造	团队组	秦皇岛
147	踏浪创业团队	管道精灵	先进制造	团队组	承德高新区
148	朝联团队	简饪厨房—多功能时尚砧板	先进制造	团队组	石家庄高新区
149	青衫追忆	中药气囊升降枕	先进制造	团队组	石家庄
150	燕大D型光纤传感101	一种D型微结构光纤生物传感器	先进制造	团队组	秦皇岛
151	逐梦之鹰	小布艺偶	先进制造	团队组	邯郸
152	智远团队	产品工业设计	先进制造	团队组	邯郸
153	河北碳垣纳米科技有限公司	碳纳米管纤维与薄膜及其衍生产品	新材料	成长组	燕郊高新区

续表

序号	企业/团队	项目名称	技术领域	类型	地区
154	河北西姆克科技股份有限公司	石墨烯特种橡胶隔膜	新材料	成长组	石家庄高新区
155	河北欧通有色金属制品有限公司	耐磨耐腐蚀铜合金新材料	新材料	成长组	衡水
156	河北智清华邺科技开发有限公司	纳米杀菌之住宅产业化	新材料	成长组	邯郸
157	河北华纺纳米科技有限公司	纳米纤维复合滤纸的开发及应用	新材料	初创组	辛集
158	河北展环科技有限公司	装配式建筑配套 厚浆型抗开裂一体化浇筑水泥基自流平地坪项目	新材料	初创组	石家庄高新区
159	图南	高效炭机脱硫催化剂的生产制造	新材料	团队组	石家庄
160	团团战队	承德县芍药种植基地——芍药花洗、护发产品的制备	新材料	团队组	承德
161	疏而不漏	"荷叶效应"户外超疏水木结构材	新材料	团队组	保定
162	河北洁天环保设备科技有限公司	沥青烟气净化设备	新能源及节能环保	成长组	定州
163	河北振天科技有限公司	车师傅润滑油	新能源及节能环保	成长组	石家庄
164	河北旺源管业有限公司	城市污水与城市地源配合式换热系统	新能源及节能环保	成长组	沧州
165	秦皇岛东阳科技有限公司	农村垃圾就地资源化减量化无害化处理项目	新能源及节能环保	成长组	秦皇岛
166	河北煜剑节能技术有限公司	无动力催化内燃喷射式烤包装置技术成果转化	新能源及节能环保	成长组	邯郸

续表

序号	企业/团队	项目名称	技术领域	类型	地区
167	邯郸市泽鑫新能源开发有限公司	秸秆无尘化精细粉碎流水线	新能源及节能环保	成长组	邯郸
168	河北英茂生物科技有限公司	重要危害因子检测传感项目	新能源及节能环保	成长组	石家庄高新区
169	河北莫兰斯环境科技股份有限公司	多组分VOCs废气处理组合装置	新能源及节能环保	成长组	石家庄高新区
170	定州市奥达钢结构科技有限公司	择星达™快捷装配建筑墙板	新能源及节能环保	成长组	定州
171	河北海聚新能源开发有限公司	海聚智慧蓄能电采暖炉	新能源及节能环保	成长组	保定
172	赛孚瑞化工邯郸有限公司	新型电池稳定性的关键技术检测试剂	新能源及节能环保	初创组	邯郸
173	河北乘风科技有限公司	新能源客车用空压机	新能源及节能环保	初创组	石家庄
174	河北五为同鑫科技有限公司	高温生物降解无害化处理(养殖疫情紧急处理装置)	新能源及节能环保	初创组	沧州
175	河北端阳生物能源科技有限公司	车用复合燃料	新能源及节能环保	初创组	邢台
176	石家庄湛沃科技有限公司	水墨凹印版	新能源及节能环保	初创组	石家庄高新区
177	燕氢科技	特殊形貌的电化学析氢催化剂的制备与析氢技术	新能源及节能环保	团队组	秦皇岛
178	一枝独秀	海洋牧场	新能源及节能环保	团队组	保定
179	活性炭立体装饰字画工作室	活性炭立体装饰字画研究与开发	新能源及节能环保	团队组	承德
180	一路"盒"你	基于现有快递盒调查的——新型快递盒研发推广	新能源及节能环保	团队组	石家庄高新区

续表

序号	企业/团队	项目名称	技术领域	类型	地区
181	积极up	保定市乐鸣电子科技工作室	新能源及节能环保	团队组	保定
182	清洁供暖节能减排	低温余热利用热电协调节能运行	新能源及节能环保	团队组	石家庄
183	睿昤	智能供暖系统	新能源及节能环保	团队组	秦皇岛
184	华弘小队	华弘环保工程管理咨询有限公司	新能源及节能环保	团队组	廊坊
185	胜羽队	RECYCLE快递包装回收	新能源及节能环保	团队组	邯郸
186	一起创	废弃物及可回收资源统一管理	新能源及节能环保	团队组	保定高新区
187	川翔科技团队	电气化高速公路系统	新能源及节能环保	团队组	秦皇岛
188	追梦人	光伏半导体冷热灶	新能源及节能环保	团队组	石家庄高新区
189	龙扬高科团队	龙扬高科无人机植保	新能源及节能环保	团队组	石家庄高新区
190	绿色驱油团队	自降解型有机—无机复合石油开采剂	新能源及节能环保	团队组	秦皇岛
191	太阳能应用技术创新团队	北方冬季太阳能取暖	新能源及节能环保	团队组	承德高新区
192	承德"爱迪生"	能源循环利用	新能源及节能环保	团队组	承德

附录 D

推荐入围第七届中国创新创业大赛行业总决赛企业名单

1. 承德奥斯力特电子科技有限公司
2. 秦皇岛红燕光电科技有限公司
3. 河北利至人力资源服务有限公司
4. 河北鑫考教育科技股份有限公司
5. 河北冀云气象技术服务有限责任公司
6. 河北乐聪网络科技股份有限公司
7. 河北中科信通电子科技有限公司
8. 河北东森电子科技有限公司
9. 河北菲尼斯生物技术有限公司
10. 河北东康生物科技有限公司
11. 河北奥斯力特医疗器械有限公司
12. 河北通涛管业集团有限公司
13. 河北艾斯特瑞亚科技有限责任公司
14. 河北勤思教育科技有限公司
15. 河北物图科技有限公司
16. 全息汉字秦皇岛科技有限公司
17. 随身译河北网络科技有限公司
18. 廊坊市智恒机器人科技有限公司
19. 河北华凯光子科技有限公司
20. 河北越尚增才制造科技有限公司
21. 河北立格新材料科技股份有限公司

22. 秦皇岛燕大一华机电工程技术研究院有限公司
23. 保定中创燕园半导体科技有限公司
24. 廊坊市高瓷新材料科技有限公司
25. 河北奥索电子科技有限公司
26. 美旅河北旅游开发有限公司
27. 石家庄金士顿轴承科技有限公司
28. 河北唯沃环境工程科技有限公司
29. 河北益飞特化工科技有限公司

附录 E

第七届中国创新创业大赛（河北赛区）暨河北省第六届创新创业大赛优秀组织单位和先进个人名单

一、优秀组织单位

石家庄市科学技术和知识产权局（市地震局）
秦皇岛市科学技术局
保定市科学技术和知识产权局
沧州市科学技术局
承德市科学技术局
石家庄高新技术产业开发区
保定高新技术产业开发区
石家庄市鹿泉区人民政府
河北师范大学
燕山大学

二、先进个人

石铁铸　河北省科技厅
程伟锋　河北省财政厅
王　欢　河北省教育厅
赵天骄　河北省互联网信息办公室
张　帆　河北省工商业联合会
朱英华　河北省科技型中小企业技术创新资金管理中心
张鸿滨　河北省协同创新中心
王同宇　廊坊市科学技术局
李铜锁　辛集市科学技术局
王　涛　石家庄高新技术产业开发区
赵　宏　石家庄市鹿泉区人民政府
郭　毅　河北师范大学
贾　博　河北工业大学
孙　铂　河北农业大学
马岩飞　石家庄金志文化传播有限公司

附录 F

河北省第六届创新创业大赛奖励支持政策

河北省第六届创新创业大赛

总决赛冠军：专项奖励 100 万元，颁发奖杯、证书。
总决赛亚军：专项奖励 90 万元，颁发奖杯、证书。
总决赛季军：专项奖励 80 万元，颁发奖杯、证书。
总决赛 4～6 名：专项奖励 70 万元，颁发奖杯、证书。

总决赛 7～10 名：专项奖励 60 万元，颁发奖杯、证书。

总决赛 11～20 名：专项奖励 50 万元，颁发奖杯、证书。

一等奖：奖金 3 万元，颁发奖杯、证书。

二等奖：奖金 1 万元，颁发奖杯、证书。

三等奖：颁发奖杯、证书。

河北省第六届创新创业大赛军民融合行业赛决赛

冠军：奖金 30 万元，颁发奖杯、证书。

亚军：奖金 15 万元，颁发奖杯、证书。

季军：奖金 6 万元，颁发奖杯、证书。

第 4 至第 6 名：奖金 3 万元，颁发奖杯、证书。

河北省第六届创新创业大赛生物医药行业赛决赛

冠军：奖金 50 万元，颁发奖杯、证书。

亚军：奖金 30 万元，颁发奖杯、证书。

季军：奖金 20 万元，颁发奖杯、证书。

第 4 至第 8 名：颁发奖杯、证书。

后　记

河北省创新创业大赛，同时作为中国创新创业大赛河北赛区，由河北省科技厅会同财政厅、教育厅、网信办、工商联等相关部门举办，自2012年至今已连续举办七届。

7年来，在省委省政府的高度关注和大力支持下，大赛坚持"创赛搭平台、赛场选骏马、市场配资源、政府后补助"的公益模式和"品牌、平台、机制"的办赛理念，为全省创新创业者持续提供对接资源、提升价值、促进成长和展示实力等服务，现已成为推进"双创"的重要平台和全省创新创业第一品牌赛事，成为全省引领大众创业、万众创新的旗帜和科技创新的亮丽风景线。

经统计，大赛参赛创新创业团队和科技型中小企业累计1.3万家、参赛人员8.3万人；服务初创期企业2300余家，落地转化科技型小微企业568家；近30%的获奖项目赛后与投资机构达成了投资意向，实现融资累计达8600余万元；财政资金累计支持培育获奖科技型中小企业646家，经费超亿元；一批来自京津和省内的创业团队落地生根，成长为科技小巨人或已挂牌上市。

为了展现大赛在扶持科技型中小企业、营造创新创业氛围上所取得的成效，总结和推广成功经验和先进做法，河北省科技型中小企业技术创新资金管理中心组织编写了《创新创业大赛：品牌 平台 机制》。期间，得到了河北省科技厅、财政厅等部门，以及各地科技主管部门、国家高新区、众多科技型中小企业的大力支持和配合，河北省社会科学院及编委会委员对书稿提出了很多宝贵意见，在此表示衷心感谢。限于具体编写者的能力和水平，本书肯定还存在一些疏漏、